Kuchen *wunder*

Süße Verführung,
überraschend anders und gesund

Kuchen *wunder*

Süße Verführung,
überraschend anders und gesund

REZEPTE: MARTINA KITTLER | CHRISTA SCHMEDES
FOTOS: MONA BINNER

INHALT

10 kg
KRUPS

ECHT WUNDERBAR!

Kann denn Süßes Sünde sein? Bestimmt nicht, wenn es sich um »gesunde« Torten, Kuchen und Minigebäckstücke handelt, die zum einen fantastisch schmecken und zum anderen dem Körper gut tun. Nur beste Zutaten, weniger Raffinade und Weißmehl als üblich und die kleinen Wundermittel der Natur machen aus dem Ganzen etwas Neues und genial Einfaches – ein Highlight der Backkunst.

Gemüse sorgt anstatt von Butter für einen saftigen Teig und für Struktur. Ingwer, Basilikum, Curry oder Chili und andere pfiffige Aromen bieten Genießern wahre Glücksmomente. Der Kern der Neuinszenierung: Mal sind es klassische Hasel- oder Walnüsse, mal Macadamianüsse, Pekannüsse oder Pinienkerne. Früchte, frisch oder getrocknet, bereichern das Naschwerk obendrein.

Ob Möhren-Quark-Kuchen, Rote- Bete-Gugelhupf, Brownies mit Süßkartoffeln oder Espressoschnitten mit Auberginen – alle Kuchen sehen nicht nur zum Anbeißen aus, sie möchten auch probiert werden! Lauter kulinarische Kostbarkeiten mit viel Geschmack und wertvollen Inhaltsstoffen. So gut und so vollwertig, dass jeder ruhig ein, zwei oder auch mal drei Stücke mehr davon genießen darf.

ALLES GUTE AUS KÖRNERN & MEHL

Von Haferflocken über Buchweizen und Reis bis zu Vollkornmehl und Polenta: Wer beim Thema Getreide nur an Weißmehl denkt, der vergisst viele gesunde und gehaltvolle Körner und Mehle, die sich beim Backen als ausgesprochen vielseitig und schmackhaft entpuppen.

1. **Vollkornhaferflocken** werden aus ganzen Körnern samt Keim durch Walzen hergestellt, sie sind als zarte oder kernige Variante erhältlich. Enthalten wenig Kleberanteil, deshalb nur mit Weizen- oder Dinkelmehl gemischt zum Backen geeignet.

2. **Vollkornmehl** aus dem vollen Korn von Dinkel und Weizen, ist reich an Klebereiweiß und daher ideal zum Backen.

3. **Type 1050** – eine dunklere Weizen- oder Dinkelmehlsorte mit einem hohen Anteil an Randschichten. Super für kräftige Kuchen und Hefeteige.

4. **Type 550 (Weizen)** und **Type 630 (Dinkel)** sind helle Mehle mit guten Backeigenschaften. Enthalten mehr Ballaststoffe und Klebereiweiß als das »Universalmehl« Type 405.

5. **Hartweizengrieß** bäckt locker und weich, bleibt aber schnittfest – perfekt für Grießkuchen mit Quark und Früchten. Wegen des hohen Klebereiweißgehalts von Hartweizen wird nur Grieß zum Backen verwendet, nicht das Mehl.

6. **Polenta** oder **Maisgrieß** ist vorgegart und grob gekörnt bis fein gemahlen im Handel. Enthält wenig Kleber, deshalb mit anderen Mehlsorten mischen, Teig mit Eischnee lockern.

7. **Couscous** ist eine aus Weizengrieß oder Hirse hergestellte Spezialität, die es als vollwertige Variante und in vorgegarter Form gibt. Sorgt für eine körnige, lockere Teigstruktur.

8. **Rundkornreis** in Milch weich und sämig gekocht, eignet sich als glutenfreie Basis für Torten – mit und ohne Backen.

9. **Buchweizenmehl** allein ist nicht backfähig, wohl aber in Kombination mit Weizen- oder Dinkelmehl. Charakteristisch ist der aromatische, leicht bittere Geschmack.

Info

* Bei Mehl gibt die Typen-Zahl darüber Auskunft, wie viele Mineral- und Ballaststoffe drinstecken.
* Je höher die Ziffer, desto mehr Nährstoffe enthält das Mehl, und desto dunkler und kräftiger ist es im Geschmack.

1
2
3
4
5
6
7
8
9

KUCHENZAUBEREIEN MIT GEMÜSE

Zutaten wie Kürbis, Rote Beten und Maronen in süßen Kuchen sind ein Grund zur Freude. Sie verleihen den gebackenen Köstlichkeiten nicht nur ein intensives Aroma, sondern auch reichlich Saftigkeit.

Info

* Wer mit Gemüse bäckt, erhöht nicht nur den Anteil an Vitaminen, Mineralstoffen und Ballaststoffen, sondern reduziert nebenbei noch den Fettgehalt und die Kalorien im Kuchen.

1. **Möhren** – je süßer und saftiger, umso besser das Backergebnis. Besonders gut kommt die feine Würze von Karotten zur Geltung, wenn sie gerieben oder geraspelt werden.

2. **Pastinaken** sind umso süßer, je länger die aromatischen Wurzeln im Boden überwintern durften: Die gespeicherte Stärke wird nach und nach zu Zucker umgebaut.

3. **Rote Beten** haben ein süßlich-erdiges Aroma, das sich in Kuchen besonders gut macht. Die Rüben enthalten Betanin, ein natürlicher Farbstoff, der für »rosa Back-Zeiten« sorgt.

4. **Kürbis** – zwei Sorten sind toll zum Backen: Hokkaido mit leichtem Maroni-Aroma wird mitsamt der dünnen Schale verwendet. Der Butternut mit buttrigem Geschmack und butterähnlicher Konsistenz spart beim Backen Butter ein.

5. **Auberginen** schmecken pur recht neutral. Gebacken, gesüßt und mit aromatischen Zutaten kombiniert, entwickeln sie Charakter. Auch **Zucchini** sind extrem anpassungsfähig und in Kuchen mit süß-säuerlichen Früchten immer gut.

6. **Zwiebeln** – langsam und bei geringer Hitze gedünstet – entfalten einen wunderbaren süßen Geschmack, der sie als Kuchenbelag attraktiv macht.

7. **Kartoffeln** zeigen ihre Vielseitigkeit auch beim Backen. Weich gekocht und fein zerdrückt oder durchgepresst geben sie Teigen und Käsekuchen Stärke und Stand.

8. **Süßkartoffeln** sind Südamerikas prall gefüllte Vitalstoffpakete. Fein gerieben oder gekocht und püriert können die süßen Knollen in Kuchen »verwandelt« werden.

9. **Maronen** – stärkehaltig und süßlich aromatisch kann man die Esskastanien beim Backen prima als Ersatz für Mehl und Kartoffeln nehmen.

1
2
3
4
5
6
7
8
9

ALLESKÖNNER: DÖRROBST, NÜSSE & CO.

Als aromatische Zutaten sind getrocknete Früchte, Nüsse und Kerne aller Art wahre Allroundtalente. Sie geben Kuchen und Kleingebäck das gewisse Extra und liefern zugleich wertvolle Vitamine und Mineralstoffe.

1. Äpfel, Birnen, Pflaumen, Aprikosen und **Trauben** sind die bekanntesten Vertreter von Trockenfrüchten. Sie schenken Kuchen, Torten & Co. eine fruchtig-süße Note.

2. Getrocknete Feigen, die sich durch ihren kernigen Biss auszeichnen, und zuckersüße **Datteln** sind nicht nur zu Weihnachten beliebte Beigaben im Gebäck.

3. Tropenfrüchte in getrockneter Form gibt es inzwischen in großer Vielfalt, z. B. Ananas, Bananen, Papaya, Mango oder Kokosnuss. Sie verfeinern durch ihre konzentrierte Süße und ihr typisches Aroma exotische Kuchen und Torten.

4. Getrocknete Goji-Beeren und **Cranberrys** werden bei uns immer populärer. Sie passen als fruchtig-säuerliche Komponente gut in Rührkuchen, Muffins und Scones.

5. Haselnüsse, Walnüsse und **Mandeln** sind wahre Backstuben-Klassiker. Frisch gemahlen ist das Aroma am stärksten.

6. Paranüsse besitzen einen mandelartigen Geschmack und machen sich ebenso gut in jeglichem Gebäck wie die walnussähnlichen **Pekannüsse**.

7. Macadamianuss heißt die kugelige, helle »Königin der Nüsse« aus Australien. Und königlich ist auch ihr exquisites, zartnussiges Aroma und der Preis. Ebenfalls nicht ganz billig, aber fein: die leicht süßlich schmeckenden **Cashewnüsse.**

8. Erdnüsse werden wegen ihres typischen würzigen Aromas von Hobbybäckern geschätzt. Ausschlaggebend für die Qualität ist das glatte, glänzende Aussehen der Erdnusskerne, die man möglichst immer frisch aus der Schale bricht.

9. Kokosnuss – zum Backen verwendet man die aus dem Fruchtfleisch gewonnenen Kokosraspel oder -chips sowie die Kokosmilch – in Teigen oder als Verzierung.

Info

- Pistazien und Pinienkerne sind zwar klein, dafür aber besonders fein – mild und zart im Geschmack, dazu sehr dekorativ.
- Sie bestehen fast zur Hälfte aus hochwertigem Öl: Darum verwendet man sie gerne zerkleinert für aromatisches Gebäck.

1
2
3
4
5
6
7
8
9

SÜSSE KRÄFTE VON WALD UND FLUR

Neben weißem Haushaltszucker gibt es genügend natürliche Alternativen, um Kuchen die gewünschte Süße zu verleihen. Darüber hinaus überzeugen diese Süßungsmittel mit ihrem Eigengeschmack.

1. **Agavendicksaft** ist der eingedickte Saft aus der Agavenpflanze, er schmeckt süßer als weißer Zucker und ist geschmacksneutral. Dank seiner sirupartigen Konsistenz kann man ihn gut zum Süßen von Teigen, Massen, Quark- und Fruchtfüllungen verwenden.

2. **Apfel-** und **Birnendicksaft** – die eingedickten, hoch konzentrierten Säfte von Äpfeln oder Birnen schmecken aromatisch-fruchtig. Der Birnendicksaft ist ein wenig süßer und milder als der Apfeldicksaft.

3. **Ahornsirup** – bei der Herstellung wird der Saft von Zuckerahornbäumen mehr oder weniger stark eingekocht: Heller, klarer Sirup schmeckt mild, dunkler Sirup hat ein kräftiges Aroma. Passt in Kuchen und Kleingebäck, harmoniert sehr gut mit Nüssen.

4. **Zuckerrübensirup** – der eingedickte, zähflüssige Saft aus Zuckerrüben schmeckt karamellartig. Besonders gut für dunkle Teige geeignet.

5. **Honig** erhält seinen Charakter durch seine typischen Aromen, die Farbe und die Konsistenz. Je nachdem welche Pflanzen von den Bienen besucht wurden, gibt es ganz unterschiedliche Honigsorten: vom milden flüssigen Akazienhonig, der sich besonders gut zum Backen eignet, bis hin zum fruchtigen Orangenhonig und würzigen Tannenhonig.

6. **(Roh-)Rohrzucker** – für die Herstellung wird ausgepresster Zuckerrohrsaft geklärt, eingedickt und nach dem Auskristallisieren zentrifugiert. Enthält noch Mineralstoffe und Melasse und schmeckt malzartig. Ob feiner oder grober Rohrzucker – mit beiden Varianten lässt sich prima backen.

7. **Brauner Zucker** ist ein Zwischenprodukt, das bei der Herstellung von Rohr- und Rübenzucker entsteht. Er erhält durch Sirup seine braune Farbe. Unverkennbar sind sein karamellartiger Geschmack und die mild-würzige Süße. Brauner Zucker ist ideal zum Backen.

8. **Raffinade** – der vollständig aufgereinigte Haushaltszucker aus Zuckerrüben ist in verschieden großer Körnigkeit erhältlich – von grob als Kandiszucker bis ganz fein als Puderzucker. Bester Ersatz: (Roh-)Rohrzucker.

9. **Stevia** ist 300-mal süßer als weißer Zucker, kalorienfrei und natürlich. Der aus den Blättern der südamerikanischen Stevia-Pflanze gewonnene Zuckerersatz ist bei uns inzwischen zugelassen, aber nur begrenzt zum Backen geeignet: Als weißes Pulver oder als klare Flüssigsüße bietet Stevia viel weniger Volumen als Zucker. Deshalb wird Stevia-Auszug gerne angereichert, um besser dosiert werden zu können, etwa mit Maltodextrin, ein Mehrfachzucker. Damit lässt sich gut backen, denn 1 TL natürlicher Zuckerersatz mit Stevia-Konzentrat entspricht 1 TL Zucker.

1
2
3
4
5
6
7
8
9

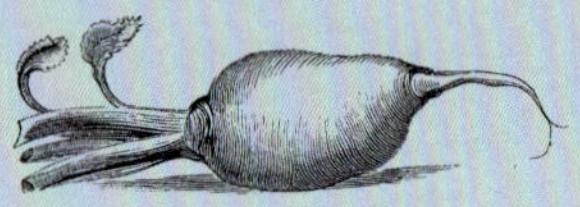

Kuchen für jeden Tag

und zum Aufheben

Wer Kuchen mit Möhren, Roten Beten, Nüssen und anderen wertvollen Zutaten anreichert, zaubert saftige Genüsse. Sie schmecken noch viel besser, wenn sie vor dem Anschneiden ein paar Tage ruhen dürfen.

MÖHREN-QUARK-KUCHEN

FÜR 1 SPRINGFORM (26 cm Ø)

ZUBEREITUNG: ca. 1 Std.
BACKEN: ca. 45 Min.
PRO STÜCK (bei 12): ca. 310 kcal

200 g Möhren
75 g getrocknete Cranberrys
1 Bio-Zitrone
200 g gemahlene Mandeln
60 g Dinkelmehl (Type 1050)
4 Eier (M)
1 Prise Salz
125 g (Roh-)Rohrzucker
75 g flüssiger Honig
200 g Doppelrahm-Frischkäse
250 g Magerquark
2 Pck. Bourbon-Vanillezucker
1 EL gehackte Pistazien

1. Die Möhren schälen und sehr fein reiben. Cranberrys grob hacken. Die Zitrone heiß waschen und die Schale fein abreiben, 4 EL Saft auspressen. Die Mandeln und das Mehl vermischen.

2. Den Backofen auf 180° vorheizen, die Springform mit Backpapier auslegen. Die Eier trennen. Eiweiße und Salz mit den Quirlen des Handrührgeräts steif schlagen, dann nach und nach 50 g Zucker unterschlagen. Eigelbe mit übrigem Zucker, Honig, Zitronenschale und 3 EL Zitronensaft in 5 Min. cremig schlagen. Die Cranberrys und Möhren unterrühren, dann die Mandel-Mehl-Mischung und ein Drittel des Eischnees. Zum Schluss restlichen Eischnee nur locker unterheben.

3. Teig in die Form füllen und im Ofen (unten, Umluft 160°) ca. 45 Min. backen. Herausnehmen und den Kuchen ca. 10 Min. abkühlen lassen, dann aus der Form lösen und auf einem Kuchengitter auskühlen lassen.

4. Den Frischkäse, den Quark, übrigen Zitronensaft und den Vanillezucker mit den Quirlen des Handrührgeräts cremig schlagen. Die Masse auf den Möhrenkuchen geben und wolkenartig verteilen. Mit den Pistazien bestreuen.

APFEL-ZUCCHINI-BROT

FÜR 1 KASTENFORM (30 cm Länge)

ZUBEREITUNG: ca. 45 Min.
MARINIEREN: ca. 2 Std.
BACKEN: ca. 1 Std. 15 Min.
PRO STÜCK (bei 20): ca. 175 kcal

600 g säuerliche Äpfel
350 g kleine Zucchini
160 g (Roh-)Rohrzucker
4 EL Zitronensaft
75 g getrocknete Feigen
1 Pck. Rumrosinen (125 g)
150 g gehackte Haselnüsse
3 TL Lebkuchengewürz
2 TL Kakaopulver
250 g Dinkelvollkornmehl
3 TL Backpulver
1 EL flüssige Butter
Butter und Mehl für die Form

1. Die Äpfel waschen, 1 Apfel beiseitelegen. Die übrigen Äpfel vierteln, entkernen, schälen und grob raspeln. Die Zucchini waschen, putzen und bis auf 50 g ebenfalls raspeln. Die Apfel- und Zucchiniraspel mit 150 g Zucker und dem Zitronensaft vermischen. Abgedeckt ca. 2 Std. marinieren lassen.

2. Dann den Backofen auf 180° vorheizen. Die Kastenform einfetten und mit Mehl einstäuben. Die Feigen klein würfeln und mit Rumrosinen, Nüssen, Lebkuchengewürz, Kakao, dem Dinkelmehl und dem Backpulver vermischen. Mit einem Kochlöffel unter die Apfel-Zucchini-Mischung mengen.

3. Den Teig in die Form füllen. Den beiseitegelegten Apfel vierteln, entkernen und in feine Spalten schneiden. Restliche Zucchini in dünne Scheiben schneiden. Die Apfelspalten und Zucchinischeiben dachziegelartig auf den Teig legen. Mit der Butter bestreichen und dem übrigen Zucker bestreuen.

4. Im Ofen (unten, Umluft 160°) ca. 1 Std. 15 Min. backen. Herausnehmen und das Apfel-Zucchini-Brot ca. 20 Min. abkühlen lassen, dann aus der Form stürzen und auf einem Kuchengitter auskühlen lassen.

Überraschend im Geschmack, bestechend in der Farbe – ein echter Hingucker ist dieser feine, saftige Rührkuchen mit Rote-Bete-Sirup.

Rote-Bete-Gugelhupf

FÜR 1 GUGELHUPFFORM (24 cm Ø)

ZUBEREITUNG: ca. 45 Min.
BACKEN: ca. 45 Min.
PRO STÜCK (bei 18): ca. 255 kcal

Für den Sirup:
200 ml Rote-Bete-Saft
50 g (Roh-)Rohrzucker
½ Vanilleschote
1 TL fein abgeriebene Bio-Orangenschale
Für den Rührteig:
200 ml Sonnenblumenöl
180 g (Roh-)Rohrzucker
1 Prise Salz
4 Eier (M)
350 g Dinkelmehl (Type 630)
1 TL Backpulver
30 g gemahlene, gehäutete Mandeln
Öl und Mehl für die Form

1. Für den Sirup Rote-Bete-Saft mit dem Zucker in einen Topf geben. Vanilleschote längs aufschlitzen und das Mark herauskratzen, beides mit der Orangenschale zu dem Saft geben. Die Mischung zum Kochen bringen und in ca. 10 Min. sirupartig auf ein Viertel (ca. 50 ml) einkochen, dann abkühlen lassen.

2. Den Backofen auf 180° vorheizen. Form einfetten und mit Mehl einstäuben. Für den Teig Öl mit Zucker, Salz und Eiern mit den Quirlen des Handrührgeräts cremig schlagen. Mehl und Backpulver vermischen, über die Eiercreme sieben und gut unterrühren. Die Hälfte des Teiges abnehmen und mit dem Sirup und den Mandeln vermischen.

3. Den puren und den eingefärbten Teig löffelweise abwechselnd in die Form füllen. Eine Gabel spiralförmig durch beide Teige ziehen, sodass ein Marmormuster entsteht. Im Ofen (Mitte, Umluft 160°) ca. 45 Min. backen. Herausnehmen und den Gugelhupf ca. 10 Min. abkühlen lassen, dann aus der Form stürzen und auf einem Kuchengitter auskühlen lassen.

Variante: Rote-Bete-Cupcakes

Mulden einer 12er-Muffinform mit Papierförmchen auslegen. Sirup und Teig wie beschrieben zubereiten und einfärben (1 EL Sirup beiseitestellen). Den eingefärbten und puren Teig schichtweise in den Förmchen verteilen und mit einem Holzstäbchen marmorieren. Cupcakes im Ofen (Mitte) 20–25 Min. backen. Dann herausnehmen, ca. 10 Min. abkühlen lassen und aus der Form lösen. 100 g Sahne steif schlagen, 100 g Schmand und beiseitegestellten Sirup unterrühren. Creme in einen Spritzbeutel mit Lochtülle füllen und auf die Cupcakes spritzen.

BANANENBROT MIT PEKANNÜSSEN

FÜR 1 KASTENFORM (25 cm Länge)

ZUBEREITUNG: ca. 30 Min.
BACKEN: ca. 50 Min.
PRO STÜCK (bei 16): ca. 205 kcal

50 g getrocknete Datteln
100 g Pekannüsse
50 g kandierter Ingwer
½ Zitrone *3 Bananen (ca. 400 g)*
100 ml Rapsöl
~~*75 g Zuckerrübensirup*~~
2 Eier (M) | 1 Prise Salz
½ TL gemahlener Ingwer
1 Prise frisch geriebene Muskatnuss
~~*1 Prise gemahlene Nelken*~~
250 g *200 g Weizenmehl (Type 550)*
1 TL Backpulver
Öl und Mehl für die Form

1. Den Backofen auf 180° vorheizen. Die Form einfetten und mit Mehl einstäuben. Die Datteln längs einschneiden und die Kerne entfernen. Datteln, Pekannüsse und kandierten Ingwer mit einem großen scharfen Messer fein hacken. Die Bananen schälen, grob schneiden und mit einer Gabel fein zerdrücken.

2. Das Öl mit Rübensirup, Eiern und Salz mit den Quirlen des Handrührgeräts glatt verrühren. Die zerdrückten Bananen und die Gewürze dazugeben und gut unterrühren. Mehl mit Backpulver vermischen und unter die Bananenmasse rühren. Nuss-Dattel-Mischung mit einem Löffel locker unter den Teig heben.

3. Den Teig in die Form füllen und glatt streichen. Im Ofen (unten, Umluft 160°) 40–50 Min. backen. Herausnehmen und das Bananenbrot ca. 10 Min. abkühlen lassen, dann aus der Form stürzen und auf einem Kuchengitter auskühlen lassen.

Tipp

Wer möchte, kann als »Deko« zusätzlich noch ein paar Pekannüsse und etwas kandierten Ingwer grob hacken bzw. schneiden und vor dem Backen auf den Teig in der Form streuen.

SÜSSKARTOFFEL-SAFRAN-BROT

FÜR 1 KASTENFORM (25 cm Länge)

ZUBEREITUNG: ca. 30 Min.
KOCHEN: ca. 20 Min.
BACKEN: ca. 50 Min.
PRO STÜCK (bei 16): ca. 190 kcal

600 g Süßkartoffeln
1 TL fein abgeriebene Bio-Orangenschale
75 ml Sonnenblumenöl
120 g (Roh-)Rohrzucker
3 Eier (M) | 1 Prise Salz
1 Döschen gemahlener Safran
1 TL gemahlener Anis
3 EL Vollkorn-Dinkelgrieß
250 g Dinkelmehl (Type 630)
2 TL Backpulver
2 EL Vollkornhaferflocken
Öl für die Form

1. Die Süßkartoffeln waschen, schälen, grob würfeln, in einen Topf geben und knapp mit Wasser bedecken. Kartoffeln zum Kochen bringen und in 15–20 Min. weich garen. Dann das Wasser abgießen, Kartoffeln noch heiß durch eine Kartoffelpresse drücken und mit der Orangenschale vermischen.

2. Den Backofen auf 180° vorheizen, die Form einfetten. Öl mit 100 g Rohrzucker, Eiern und Salz mit den Quirlen des Handrührgeräts glatt verrühren. Die Süßkartoffeln, Safran und Anis gut unterrühren. Grieß, Mehl und Backpulver vermischen und unter die Kartoffelmasse rühren.

3. Teig in die Form füllen und glatt streichen. Haferflocken mit restlichem Zucker vermischen, gleichmäßig auf dem Teig verteilen. Im Ofen (Mitte, Umluft 160°) 45–50 Min. backen. Herausnehmen und das Brot ca. 10 Min. abkühlen lassen, dann aus der Form stürzen. Auf einem Kuchengitter auskühlen lassen.

Tipp

Auch fein: Weizenmehl (Type 550) statt Dinkelmehl verwenden und zusätzlich noch 100 g gehackte Mandeln untermischen.

Limette

Schnell mit seidigem Tofu und Ingwerstückchen gebacken, passt dieser »schlanke« Kuchen auch bestens auf den Frühstückstisch.

Limettenkuchen
mit Seidentofu

FÜR 1 KASTENFORM (25 cm Länge)

ZUBEREITUNG: ca. 25 Min.
BACKEN: ca. 1 Std.
PRO STÜCK (bei 14): ca. 255 kcal

Für den Teig:
300 g Seidentofu (aus dem Bio- oder Asienladen)
2 Pck. Bourbon-Vanillezucker
1 Bio-Limette
50 g kandierter Ingwer
300 g Dinkelmehl (Type 630)
2 TL Backpulver
1 Prise Salz
100 ml Rapsöl
150 g (Roh-)Rohrzucker
2 Eier (M)
Für die Garnitur:
1 Bio-Limette
100 g Puderzucker
Öl und Mehl für die Form
Außerdem:
Zestenreißer

1. Den Backofen auf 180° vorheizen. Die Form einfetten und mit Mehl einstäuben. Für den Teig den Tofu und den Vanillezucker in eine hohe Schüssel geben. Die Limette heiß waschen und abtrocknen, Schale fein abreiben und den Saft auspressen. Beides zu dem Tofu geben und alles mit einem Pürierstab kurz durchmixen. Den Ingwer in kleine Würfel schneiden und unter die Tofumasse rühren.

2. Mehl, Backpulver und Salz vermischen. Öl, Rohrzucker und Eier mit den Quirlen das Handrührgeräts in ca. 5 Min. cremig schlagen. Tofumix kurz untermengen, dann die Mehlmischung nach und nach unterrühren.

3. Den Teig in die Form füllen, glatt streichen und im Ofen (unten, Umluft 160°) 50–60 Min. backen. Herausnehmen und den Kuchen ca. 10 Min. abkühlen lassen, dann aus der Form stürzen und auf einem Kuchengitter auskühlen lassen.

4. Für die Garnitur Limette heiß waschen und abtrocknen, die Schale mit dem Zestenreißer in feinen Streifen abziehen. 2 ½ EL Limettensaft auspressen und mit dem Puderzucker verrühren. Den Guss auf dem Kuchen gleichmäßig verteilen und mit den Limettenschalenstreifen bestreuen, fest werden lassen.

Austausch-Tipps
Abwechslung gefällig? Dann »würzen« Sie den Kuchen alternativ mit der abgeriebenen Schale von ½ Bio-Orange und 3 EL Orangensaft anstatt mit Limettenschale und -saft. Und anstelle des Tofus können Sie Buttermilch oder Naturjoghurt unter den Teig rühren. Für den Guss die Limette einfach durch ½ Bio-Orange ersetzen.

KIRSCHKUCHEN MIT ROTEN BOHNEN

FÜR 1 KASTENFORM (25 cm Länge)

ZUBEREITUNG: ca. 35 Min.
BACKEN: ca. 1 Std.
PRO STÜCK (bei 14): ca. 275 kcal

1 Dose Kidneybohnen (140 g Abtropfgewicht)
150 g Naturjoghurt
~~*1 TL Sambal oelek*~~
150 g getrocknete Kirschen
300 g Dinkelmehl (Type 630)
2 TL Backpulver
1 Prise Salz | 100 ml Rapsöl
150 g (Roh-)Rohrzucker
2 Eier (M)
75 g weiße Kuvertüre
Minzeblättchen zum Garnieren
Öl und Mehl für die Form

1. Den Backofen auf 180° vorheizen. Die Form einfetten und mit Mehl einstäuben. Die Bohnen in ein Sieb gießen, kurz abbrausen und gut abtropfen lassen. Mit Joghurt und Sambal oelek in eine hohe Schüssel geben und mit einem Pürierstab zu einer glatten Masse verarbeiten. Die Kirschen grob hacken.

2. Mehl, Backpulver und Salz vermischen. Öl, Rohrzucker und Eier mit den Quirlen des Handrührgeräts in ca. 5 Min. cremig schlagen. Bohnenmix unterrühren, dann nach und nach die Mehlmischung und zum Schluss noch 100 g Kirschen.

3. Den Teig in die Form füllen und im Ofen (unten, Umluft 160°) 50–60 Min. backen. Herausnehmen und den Kuchen ca. 10 Min. abkühlen lassen, dann aus der Form stürzen und auf einem Kuchengitter auskühlen lassen.

4. Kuvertüre fein hacken und über einem heißen Wasserbad sanft schmelzen lassen, dabei immer wieder mal umrühren. Die Kuvertüre auf dem Kuchen verteilen, mit den restlichen Kirschen und den Minzeblättchen garnieren. Die Kuvertüre fest werden lassen.

KOKOS-CURRY-CAKE

FÜR 1 KASTENFORM (30 cm Länge)

ZUBEREITUNG: ca. 30 Min.
BACKEN: ca. 45 Min.
PRO STÜCK (bei 20): ca. 295 kcal

300 g Dinkelmehl (Type 630)
2 TL Backpulver
1 Prise Salz | 100 ml Rapsöl
225 g (Roh-)Rohrzucker
2 Eier (M)
2 TL mildes Currypulver
225 g Kokosraspel
300 ml ungesüßte Kokosmilch
50 g ungesalzene Erdnüsse
150 g saure Sahne
2 EL süße Sahne
2 EL Erdnussbutter »creamy«
2 EL Kokoschips
Öl und Mehl für die Form

1. Den Backofen auf 180° vorheizen. Form einfetten und mit Mehl einstäuben. Mehl, Backpulver und Salz vermischen.

2. Öl, 150 g Rohrzucker und die Eier mit den Quirlen des Handrührgeräts in ca. 5 Min. cremig schlagen. Currypulver, 125 g Kokosraspel und die Kokosmilch dazugeben und alles 2 Min. weiterschlagen, dann die Mehlmischung nach und nach unterrühren.

3. Den Teig in die Form füllen und im Ofen (unten, Umluft 160°) 45 Min. backen.

4. Inzwischen Erdnüsse grob hacken. Saure und süße Sahne, Erdnussbutter, übrigen Zucker und restliche Kokosraspel glatt verrühren, die Erdnüsse untermischen. Nach 25 Min. Backzeit den Kuchen mit der Kokos-Erdnuss-Masse bestreichen und mit den Kokoschips bestreuen. Fertig backen.

5. Dann den Kuchen aus dem Ofen nehmen und ca. 10 Min. abkühlen lassen, aus der Form stürzen und auf einem Kuchengitter auskühlen lassen.

Ein starkes Team: fruchtige Auberginen und zartes Nugat. Was daraus entsteht, ist unglaublich saftig und herrlich geheimnisvoll.

Nugatkuchen
mit Auberginen

FÜR 1 SPRINGFORM (26 cm Ø)

ZUBEREITUNG: ca. 50 Min.
BACKEN: ca. 45 Min.
TROCKNEN: ca. 2 Std.
PRO STÜCK (bei 12): ca. 305 kcal

Für den Teig:
2 Auberginen (ca. 400 g)
3 EL geschmacksneutrales Öl
200 g Nugatschokolade
1 Pck. Vanillezucker
1 Prise gemahlenes Piment
2 EL Kakaopulver
4 Eier (M)
1 Prise Salz
100 g flüssiger Akazienhonig
200 g gemahlene Mandeln
1 EL Speisestärke
Öl für die Form
Für die Garnitur:
ungespritzte Rosenblütenblätter
1 Eiweiß (M)
2 EL Zucker
Kakaopulver zum Bestäuben

1. Backofen auf 200° vorheizen. Die Auberginen waschen und längs halbieren. Auberginenhälften mit 1 EL Öl bestreichen und einzeln in Alufolie wickeln. Im Ofen (Mitte, Umluft 180°) ca. 30 Min. garen.

2. Inzwischen die Nugatschokolade in kleine Stücke brechen. Mit Vanillezucker, Piment und übrigem Öl in einen kleinen Topf geben und bei geringer Hitze unter Rühren ganz sanft schmelzen lassen, das Kakaopulver unterrühren. Den Boden der Form mit Backpapier auslegen, den Rand einfetten.

3. Den Backofen auf 180° (Umluft 160°) zurückschalten. Die Auberginenhälften aus der Alufolie nehmen, kurz abkühlen lassen und grob würfeln. Auberginenwürfel in einem Mixer oder mit einem Pürierstab fein pürieren.

4. Eier trennen. Eiweiße und Salz mit den Quirlen des Handrührgeräts steif schlagen. Eigelbe mit Honig und Auberginenpüree glatt verrühren, geschmolzene Nougatschokolade unterrühren. Eischnee, Mandeln und Stärke ganz locker unterheben.

5. Teig in die Form füllen und im Ofen (Mitte) ca. 45 Min. backen. Herausnehmen und den Kuchen in der Form kurz abkühlen lassen, dann aus der Form lösen und auf einem Kuchengitter auskühlen lassen.

6. Für die Garnitur die Rosenblütenblätter abbrausen und mit Küchenpapier trocken tupfen. Eine große Platte mit Klarsichtfolie auslegen. Eiweiß und 1 EL Wasser mit einer Gabel verquirlen. Rosenblätter vorsichtig durch das Eiweiß ziehen, auf die Platte legen und mit Zucker bestreuen. Die Blütenblätter ca. 2 Std. trocknen lassen. Den Kuchen vor dem Servieren mit Kakaopulver bestäuben und mit den Rosenblättern bestreuen.

Hier zeigt sich das süßlich würzige Wurzelgemüse von seiner Schokoladenseite: mit Mandeln und Birnendicksaft im Teig und jeder Menge dunkler Schokolade drin und drum herum.

Schokoladentorte
mit Pastinaken

FÜR 1 SPRINGFORM (26 cm Ø)

ZUBEREITUNG: ca. 1 Std. 10 Min.
BACKEN: ca. 30 Min.
KÜHLEN: ca. 2 Std.
PRO STÜCK (bei 16): ca. 305 kcal

Für den Teig:
300 g Pastinaken
100 ml Birnensaft
6 Eier (M)
1 Prise Salz
100 ml Birnendicksaft
50 g brauner Zucker
½ TL gemahlener Zimt
1 Msp. gemahlene Nelken
130 g Weizenmehl (Type 1050)
75 g gemahlene Mandeln
Öl für die Form
Für die Füllung und Garnitur:
300 g Zartbitterschokolade
75 g Butter
3 EL Birnendicksaft
100 g Hagebuttenmus
100 g dunkle Schokoladenspäne (Fertigprodukt)

1. Backofen auf 200° vorheizen. Boden der Form mit Backpapier auslegen, den Rand einfetten. Für den Teig Pastinaken schälen, fein reiben und in einem Topf mit dem Birnensaft zugedeckt bei geringer Hitze 5 Min. dünsten. Abkühlen lassen.

2. Inzwischen die Eier trennen. Eiweiße und Salz mit den Quirlen des Handrührgeräts steif schlagen. Die Eigelbe mit Birnendicksaft, Zucker und Gewürzen cremig schlagen. Mehl und Mandeln vermischen, mit den Pastinaken unter die Creme rühren. Den Eischnee vorsichtig unterheben.

3. Den Teig in die Form füllen und glatt streichen. Im Ofen (unten, Umluft 180°) ca. 30 Min. backen. Dann den Kuchen aus dem Ofen nehmen und in der Form auf einem Kuchengitter auskühlen lassen.

4. Für die Füllung Schokolade in kleine Stücke brechen und mit der Butter und dem Birnendicksaft in einen kleinen Topf geben. Bei geringer Hitze unter Rühren erwärmen, bis die Schokolade geschmolzen ist. Vom Herd nehmen und unter Rühren etwas abkühlen lassen, bis die Masse leicht andickt.

5. Den Kuchen aus der Form lösen und mit einem großen Messer zweimal waagrecht durchschneiden. Ein Drittel der Schokomasse auf zwei Kuchenböden gleichmäßig verteilen, zusammensetzen und auf eine Tortenplatte legen. Mit dem dritten Boden abdecken.

6. Das Hagebuttenmus erwärmen und die Torte rundherum damit bestreichen. Restliche Schokomasse auf der Torte verteilen und mit einem breiten Messer glatt verstreichen, dabei auch den Rand einstreichen. Die Tortenoberfläche mit den Schokoladenspänen bestreuen. Die Torte 2 Std. kalt stellen.

SANDDORN-MANDEL-KUCHEN

FÜR 1 SPRINGFORM (24 cm Ø)

ZUBEREITUNG: ca. 25 Min.
BACKEN: ca. 30 Min.
PRO STÜCK (bei 12): ca. 185 kcal

1 Bio Orange
3 EL (Roh-)Rohrzucker
5 Eier (M)
1 Prise Salz
100 ml Sanddornsaft
200 gemahlene Mandeln
50 g Puderzucker
2 EL Orangengelee
Öl für die Form
Außerdem:
Zestenreißer

1. Den Backofen auf 180° vorheizen. Den Boden der Form mit Backpapier auslegen, den Rand einfetten. Die Orange heiß waschen und abtrocknen, die Schale mit einem Zestenreißer in feinen Streifen abziehen. Orangenschale mit Rohrzucker vermischen und beiseitestellen. Orangensaft auspressen.

2. Die Eier trennen. Eiweiße und Salz mit den Quirlen des Handrührgeräts steif schlagen. Die Eigelbe mit Orangen- und Sanddornsaft glatt verrühren, den Eischnee daraufhäufen. Die Mandeln mit Puderzucker vermischen und auf den Eischnee geben, beides unter die Eigelbmasse heben.

3. Den Teig in die Form füllen und glatt streichen. Im Ofen (Mitte, Umluft 160°) ca. 30 Min. backen.

4. Das Orangengelee in einem kleinen Topf unter Rühren erwärmen. Den Kuchen aus dem Ofen nehmen, sofort mit dem Orangengelee bestreichen und mit den gezuckerten Orangenschalenstreifen bestreuen. Den Kuchen in der Form auf einem Kuchengitter auskühlen lassen, danach aus der Form lösen.

MACADAMIA-INGWER-KUCHEN

FÜR 1 SPRINGFORM (24 cm Ø)

ZUBEREITUNG: ca. 25 Min.
BACKEN: ca. 30 Min.
PRO STÜCK (bei 12): ca. 215 kcal

200 g Macadamianüsse (ungesalzen)
1 Stück frischer Ingwer (ca. 1 cm)
50 g kandierter Ingwer
4 Eier (M)
1 Prise Salz
100 ml Ahornsirup
1 Prise frisch geriebene Muskatnuss
100 g Weizenvollkornmehl
2 TL Limettensaft
Öl für die Form

1. Backofen auf 180° vorheizen. Boden der Form mit Backpapier auslegen, Rand einfetten. Nüsse fein hacken. Frischen Ingwer schälen und fein reiben, kandierten klein würfeln.

2. Eier trennen. Eiweiße und Salz mit den Quirlen des Handrührgeräts steif schlagen. Die Eigelbe mit 75 ml Ahornsirup, frischem Ingwer und Muskat glatt verrühren, Eischnee unterheben. Mehl mit Nüssen und kandiertem Ingwer vermischen, locker unterziehen.

3. Den Teig in die Form füllen und glatt streichen. Im Ofen (Mitte, Umluft 160°) ca. 30 Min. backen. Herausnehmen und den Kuchen in der Form kurz abkühlen lassen, dann aus der Form lösen und auf einem Kuchengitter auskühlen lassen. Den Limettensaft mit übrigem Ahornsirup in einem kleinen Topf leicht erwärmen und den Kuchen damit einstreichen.

Deko-Tipp
In einem kleinen Topf 3 EL (Roh-)Rohrzucker bei mittlerer Hitze schmelzen lassen. 12 Macadamianüsse in das Karamell tauchen, fest werden lassen und den Kuchen damit garnieren.

Saftig, locker und voller Aroma – ein traumhafter Kuchen durch butterweiches Kürbisfleisch, Mandeln und Mohn.

Kürbis-Mohn-Kuchen

FÜR 1 SPRINGFORM (24 CM Ø)

ZUBEREITUNG: ca. 25 Min.
BACKEN: ca. 1 Std. 30 Min.
PRO STÜCK (bei 12): ca. 375 kcal

Für den Teig:
1 Butternutkürbis (ca. 600 g)
3 Eier (L)
1 Prise Salz
125 g weiche Butter
150 g (Roh-)Rohrzucker
1 Pck. Bourbon-Vanillezucker
2 EL Rum
150 g gehackte Mandeln
100 g gemahlener Mohn
fein abgeriebene Schale von ½ Bio-Orange
200 g Weizenmehl (Type 1050)
2 TL Backpulver
Butter und Mehl für die Form
Für die Garnitur:
100 g cremiger Aprikosenaufstrich
2 EL Kürbiskerne

1. Den Backofen auf 200° vorheizen. Kürbis längs halbieren, entkernen und auf ein Backblech legen. Im Ofen (Mitte, Umluft 180°) 40–45 Min. backen, bis das Kürbisfleisch weich ist. Kürbis aus dem Ofen nehmen, etwas abkühlen lassen. Dann Kürbisfleisch mit einem Löffel aus den Hälften schaben und in einer hohen Schüssel mit einem Pürierstab fein zerkleinern. Die Form einfetten und mit Mehl einstäuben. Ofen auf 180° (Umluft 160°) herunterschalten.

2. Eier trennen. Eiweiße und Salz mit den Quirlen des Handrührgeräts steif schlagen. Die Butter mit Rohrzucker, Vanillezucker und Rum cremig schlagen. Eigelbe nacheinander unter die Creme rühren, dann 300 g Kürbispüree, Mandeln, Mohn und Orangenschale unterrühren. Das Mehl und Backpulver dazusieben und unterrühren, den Eischnee unterheben.

3. Den Teig in die Form füllen, glatt streichen und im Ofen (unten) ca. 45 Min. backen. Herausnehmen und den Kuchen in der Form kurz abkühlen lassen, dann aus der Form lösen und auf einem Kuchengitter auskühlen lassen.

4. Aprikosenaufstrich in einem Topf erwärmen und auf den Kuchen streichen. Die Kürbiskerne hacken, obendrauf streuen.

Variante: Kürbis-Sesam-Waffeln

300 g Kürbispüree (siehe oben) mit 2 Eiern (M), 40 g weicher Butter, 100 g Weizenmehl (Type 1050), 75 g (Roh-)Rohrzucker, 1 Pck. Bourbon-Vanillezucker und 60 g Sesamsamen verrühren und 30 Min. quellen lassen. Ein Waffeleisen auf mittlerer Stufe vorheizen, beide Backflächen mit Öl einfetten. Nach und nach auf die untere Platte 4 EL Teig geben, das Eisen schließen und in 4–5 Min. eine goldbraune Waffel backen. Mit Puderzucker bestäuben. Dazu schmeckt Schlagsahne mit Vanillezucker.

Eine zauberhaft-süße Verwandlung – so einzigartig kann ein Schokokuchen mit feinaromatischem Gemüse schmecken.

Schokokuchen
mit weißen Rübchen

FÜR 1 REHRÜCKENFORM (30 cm)

ZUBEREITUNG: ca. 30 Min.
KOCHEN: ca. 15 Min.
BACKEN: ca. 40 Min.
PRO STÜCK (bei 12): ca. 265 kcal

Für den Teig:
450 g weiße Rübchen
1 TL Anissamen
1 TL Fenchelsamen
50 g Akazienhonig
150 g weiße Schokolade
2 EL geschmacksneutrales Öl
5 Eier (M)
1 Prise Salz
175 g Dinkelmehl (Type 630)
½ TL Backpulver
Öl und Mehl für die Form
Für die Garnitur:
200 g Puderzucker
1 EL Zitronensaft
12 Physalis

1. Die Rübchen schälen und klein würfeln. ¼ l Wasser mit Anissamen, Fenchelsamen und Honig aufkochen und 5 Min. bei geringer Hitze köcheln lassen. Flüssigkeit durch ein Sieb gießen, auffangen und wieder in den Topf füllen. Rübchen dazugeben und bei mittlerer Hitze in 8–10 Min. weich garen. Rübchen mit der übrigen Flüssigkeit in einem Mixer pürieren.

2. Die Schokolade in kleine Stücke brechen, mit dem Öl in eine kleine (Metall-)Schüssel geben und über einem heißen Wasserbad schmelzen lassen. Backofen auf 180° vorheizen. Die Form einfetten und mit Mehl einstäuben.

3. Die Eier trennen. Eiweiße und Salz mit den Quirlen des Handrührgeräts steif schlagen. Eigelbe mit Rübchenpüree und Schokolade cremig schlagen, Eischnee unterheben. Mehl mit Backpulver vermischen und unter den Teig rühren.

4. Den Teig in die Form füllen und glatt streichen. Im Ofen (Mitte, Umluft 160°) 35–40 Min. backen. Herausnehmen und den Kuchen in der Form kurz abkühlen lassen, dann aus der Form stürzen und auf einem Kuchengitter auskühlen lassen.

5. Für die Garnitur den Puderzucker mit Zitronensaft und 2–3 EL Wasser zu einem dickflüssigen Guss verrühren. Den Kuchen damit einstreichen und mit den Physalis garnieren.

Tipp

Anstatt in einer Rehrückenform kann man den Teig auch in einer Springform (24 cm Ø) backen und den Kuchen dann mit frischen Kirschen garnieren.

Dieses kleine Wunder-Kraftpaket ist nicht nur saftig und stärkend, sondern auch unglaublich sinnlich – also unbedingt probieren!

Maronen-Nuss-Kuchen

FÜR 1 SPRINGFORM (24 cm Ø)

ZUBEREITUNG: ca. 30 Min.
BACKEN: ca. 40 Min.
PRO STÜCK (bei 12): ca. 365 kcal

Für den Teig:
4 Eier (M)
1 Prise Salz
150 g (Roh-)Rohrzucker
100 ml Sonnenblumenöl
50 ml Haselnussöl
400 g ungesüßtes Maronenpüree (Fertigprodukt, aus der italienischen Feinkostabteilung)
150 g gemahlene Haselnüsse
50 g Kastanienmehl (aus dem Bioladen)
Öl für die Form
Für die Garnitur:
100 g rotes Johannisbeergelee
Puderzucker zum Bestäuben

1. Den Backofen auf 180° (Umluft 160°) vorheizen. Den Boden der Form mit Backpapier auslegen, den Rand einfetten. Die Eier trennen. Eiweiße und Salz mit den Quirlen des Handrührgeräts steif schlagen, dabei 2 EL Zucker einrieseln lassen.

2. Übrigen Zucker mit Sonnenblumenöl, Haselnussöl und Eigelben glatt verrühren. Maronenpüree dazugeben und alles zu einer cremigen Masse verrühren. Eischnee und Haselnüsse unterheben. Das Mehl darübersieben und locker unter die Maronenmasse ziehen.

3. Den Teig in die Form füllen und glatt streichen. Im Ofen (Mitte, Umluft 160°) ca. 40 Min. backen. Herausnehmen und den Kuchen in der Form auf einem Kuchengitter auskühlen lassen, dann aus der Form lösen.

4. Für die Garnitur das Gelee in einem kleinen Topf unter Rühren erwärmen Den Kuchen damit rundum einstreichen und das Gelee antrocknen lassen. Mit Puderzucker bestäuben.

Variante: Maronenschnitten

Backofen auf 180° (Umluft 160°) vorheizen, ein Backblech mit Olivenöl einfetten. 250 g gegarte Maronen (vakuumverpackt) grob würfeln. 400 g Kastanienmehl mit 150 g Weizenvollkornmehl in einer Schüssel mischen. ¼ l Wasser mit 6 EL Olivenöl und 4 EL Honig verrühren, zum Mehl geben und alles zu einem glatten Teig verrühren. 150 g Rosinen und die Maronen untermischen. Den Teig auf dem Backblech glatt verstreichen. 2 Zweige Rosmarin abbrausen und trocken schütteln, die Rosmarinblättchen abstreifen und mit 1 EL Olivenöl vermischen. Rosmarin auf dem Teig verteilen. Den Kuchen im Ofen (Mitte) ca. 25 Min. backen. Dann herausnehmen, kurz abkühlen lassen und den Kuchen noch warm in Stücke schneiden.

SÜSSER KUCHEN MIT FETA

FÜR 1 GUGELHUPFFORM (24 cm Ø)

ZUBEREITUNG: ca. 40 Min.
BACKEN: ca. 45 Min.
PRO STÜCK (bei 16): ca. 305 kcal

150 g getrocknete Tomaten (in Öl)
4 Zweige Rosmarin
1 Bio-Zitrone
150 ml mildes Olivenöl
80 g flüssiger Honig
280 g Dinkelmehl (Type 630)
4 Eier (M)
150 g brauner Zucker
1 Pck. Backpulver
150 g Feta (Schafskäse)
100 g Rosinen
1 Eiweiß (M)
Öl und Mehl für die Form

1. Die Tomaten abtropfen lassen und klein würfeln. Rosmarin abbrausen und trocken schütteln, von 2 Zweigen die Blättchen abstreifen und fein hacken. Die Zitrone heiß waschen und abtrocknen, die Schale fein abreiben und den Saft auspressen.

2. In einer Pfanne 1 EL Öl erhitzen. Tomaten und gehackten Rosmarin darin 1 Min. bei mittlerer Hitze andünsten. Honig, Zitronenschale und -saft dazugeben und alles weitere 2 Min. dünsten. Pfanne vom Herd nehmen und die Tomaten etwas abkühlen lassen, dann 3 EL Mehl unterrühren.

3. Den Backofen auf 160° vorheizen. Form einfetten und mit Mehl einstäuben. Eier mit übrigem Öl und 125 g Zucker cremig schlagen. Restliches Mehl und Backpulver vermischen, nach und nach unter die Creme rühren. Den Feta klein schneiden, mit Rosinen und Tomaten unter den Teig rühren. In die Form füllen und im Ofen (Mitte, Umluft 140°) ca. 45 Min. backen.

4. Übrigen Rosmarin klein schneiden, mit Eiweiß bestreichen, im restlichen Zucker wenden, auf Backpapier legen, die letzten 10 Min. mitbacken. Kuchen herausnehmen, abkühlen lassen, aus der Form stürzen, mit Rosmarin verzieren. Auskühlen lassen.

APRIKOSEN-ZIEGENKÄSE-KUCHEN

FÜR 1 SPRINGFORM (24 cm Ø)

ZUBEREITUNG: ca. 25 Min.
EINWEICHEN: ca. 20 Min.
BACKEN: ca. 45 Min.
PRO STÜCK (bei 12): ca. 320 kcal

100 g getrocknete Aprikosen
100 g Sultaninen
200 ml Marsala oder Orangensaft
50 g weiche Butter
100 g brauner Zucker
1 Pck. Vanillezucker
1 Prise Salz | 2 Eier (M)
300 g Ziegenfrischkäse
2 EL Crème fraîche
300 g Weizenmehl (Type 1050)
1 ½ TL Backpulver
Puderzucker zum Bestäuben
Butter und Mehl für die Form

1. Die Aprikosen in dünne Streifen schneiden und mit den Sultaninen vermischen. Marsala oder Orangensaft erwärmen, über die Früchte gießen und ca. 20 Min. einweichen.

2. Den Backofen auf 180° vorheizen. Die Form einfetten und mit Mehl einstäuben. Butter, Zucker, Vanillezucker und Salz cremig schlagen. Nach und nach Eier, Frischkäse und Crème fraîche unterrühren. Aprikosen und Sultaninen kurz abtropfen lassen (siehe Tipp) und unter die Käsemasse mengen. Mehl und Backpulver vermischen und unterrühren.

3. Den Teig in die Form füllen und im Ofen (unten, Umluft 160°) 40–45 Min. backen. Herausnehmen und den Kuchen kurz abkühlen lassen, dann aus der Form stürzen und auf einem Kuchengitter auskühlen lassen. Mit Puderzucker bestäuben.

Tipp

Marsala oder Saft auffangen und mit 2 EL Grenadinesirup, je 1 Nelke, Zimtstange und Sternanis aufkochen. 2 Birnen in ½ cm breiten Spalten in dem Sud 4–5 Min. kochen, dann abkühlen lassen. Zum Kuchen servieren.

Fruchtig, locker und mit Schärfe-Kick – mit diesem Gebäck trifft man garantiert jeden Kuchenliebhaber mitten ins Herz.

Rohrnudeln
mit Papaya-Chili-Füllung

FÜR 1 SPRINGFORM (26 cm Ø)

ZUBEREITUNG: ca. 1 Std.
RUHEN: ca. 1 Std.
BACKEN: ca. 30 Min.
PRO STÜCK (bei 8): ca. 490 kcal

Für die Füllung:
1 Papaya (ca. 400 g)
1 rote Chilischote
1 EL (Roh-)Rohrzucker
2 EL Limettensaft
75 ml Orangensaft
Für den Teig:
100 g Butter
300 ml Milch
500 g Weizenmehl (Type 1050)
1 Prise Salz
100 g (Roh-)Rohrzucker
½ Würfel Hefe (ca. 20 g)
2 Eier (M)
50 g Macadamianüsse
Außerdem:
Mehl zum Arbeiten
Fett für die Form
Puderzucker zum Bestäuben

1. Für die Füllung die Papaya längs halbieren, entkernen, schälen und in kleine Würfel schneiden. Chilischote entstielen, waschen, längs halbieren, entkernen und winzig klein würfeln. Die Hälfte der Papaya, die Chilischote, Zucker, Limetten- und Orangensaft in einem Topf aufkochen und bei geringer Hitze in ca. 20 Min. offen zu einem Mus einkochen lassen. Dabei ab und zu umrühren, damit nichts anbrennt. Vom Herd nehmen, übrige Papayawürfel untermischen, Mus abkühlen lassen.

2. Inzwischen für den Teig die Butter schmelzen, Milch lauwarm erhitzen. Mehl, Salz und Zucker in einer großen Schüssel vermischen. Die Hefe in die Milch bröckeln und verrühren, bis die Hefe gelöst ist. Hefemilch, Eier und 70 g Butter zum Mehl geben und alles mit den Knethaken des Handrührgeräts gründlich verkneten. Dann den Teig mit den Händen auf der leicht bemehlten Arbeitsfläche zu einem glatten Teig verarbeiten. Zur Kugel formen, wieder in die Schüssel geben und abgedeckt an einem warmen Ort ca. 45 Min. gehen lassen.

3. Dann die Form einfetten, Macadamianüsse grob hacken. Den Teig auf der bemehlten Fläche nochmals gut durchkneten, achteln und zu Kugeln formen. Jede Kugel etwas flach drücken, mit 2 TL Papayamus füllen und wieder zur Kugel formen. Mit der »Naht« nach unten nebeneinander in die Form setzen. Die Rohrnudeln mit der übrigen geschmolzenen Butter bestreichen und mit den Nüssen bestreuen, ca. 15 Min. gehen lassen.

4. Den Backofen auf 200° (Umluft 180°) vorheizen. Die Rohrnudeln im Ofen (Mitte) 25–30 Min. backen. Herausnehmen und in der Form auf einem Kuchengitter lauwarm abkühlen lassen. Mit Puderzucker bestäuben.

Feines für die herbstliche Kaffeetafel: Säuerliche Äpfel und der Saft von vollreifen Holunderbeeren sorgen für einen saftigen Kuchen in leuchtenden Farben.

Apfel-Holunder-Kuchen

FÜR 1 SPRINGFORM (26 cm Ø)

ZUBEREITUNG: ca. 45 Min.
BACKEN: ca. 15 Min.
KÜHLEN: ca. 2 Std.
PRO STÜCK (bei 12): ca. 145 kcal

Für den Teig:
3 Eier (M)
1 Prise Salz
4 EL Apfeldicksaft
75 g Buchweizenmehl
Für den Belag und die Garnitur:
100 g Crème fraîche
1 EL Apfeldicksaft
750 g säuerliche Äpfel (z. B. Boskop)
200 ml Apfelsaft
¼ l Holundersaft (eventuell etwas mehr)
1 Zimtstange
3 Nelken
1 Pck. Vanillepuddingpulver (zum Kochen)
1 EL Kokoschips

1. Backofen auf 180° (Umluft 160°) vorheizen. Den Boden der Form mit Backpapier auslegen. Für den Teig die Eier trennen. Eiweiße und Salz mit den Quirlen des Handrührgeräts steif schlagen. Die Eigelbe mit dem Apfeldicksaft cremig schlagen. Eischnee und Buchweizenmehl locker unter die Creme heben.

2. Den Teig in die Form füllen und glatt streichen. Im Ofen (Mitte) ca. 15 Min. backen. Herausnehmen und den Biskuit abkühlen lassen, dann aus der Form lösen und auf eine große Platte legen.

3. Für den Belag die Crème fraîche mit dem Apfeldicksaft verrühren und den Biskuit damit gleichmäßig bestreichen. Biskuit mit dem Springformrand (oder auch mit einem Tortenring) umschließen und abgedeckt kurz in den Kühlschrank stellen.

4. Äpfel vierteln, schälen, entkernen. Apfel- und Holundersaft mit Zimt und Nelken aufkochen. Äpfel darin bei geringer Hitze 6–8 Min. sanft garen. Dann die Äpfel in einem Sieb abtropfen lassen, Saft auffangen, Gewürze entfernen. Saft abmessen, es sollten 450 ml sein (falls nötig mit Holundersaft auffüllen).

5. Von dem Saft 4 EL abnehmen und mit dem Puddingpulver verrühren. Übrigen Saft aufkochen und angerührtes Puddingpulver unterrühren. Apfelviertel auf den vorbereiteten Biskuit legen, Apfel-Holunder-Creme darüber verteilen. Den Kuchen mindestens 2 Std. kalt stellen. Den Rand des Kuchens vor dem Servieren mit Kokoschips garnieren.

Variante mit Sahne-Topping

150 g Sahne steif schlagen, 100 g Topfen und 1 EL Holunderblütensirup unterrühren. Sahnecreme in einen Spritzbeutel mit Lochtülle füllen und die Kuchenoberfläche damit verzieren.

Das Geheimnis ist ein zartsüßer Schokokuchen, der auch ohne die Creme ausgezeichnet schmeckt und sich gut aufheben lässt. Doch auch als feine Torte hält er sich im Kühlschrank ein, zwei Tage.

Schokoladentorte
mit Roten Beten

FÜR 1 SPRINGFORM (22 cm Ø)

ZUBEREITUNG: ca. 50 Min.
KOCHEN: ca. 50 Min.
BACKEN: ca. 50 Min.
KÜHLEN: ca. 2 Std.
PRO STÜCK (bei 12): ca. 550 kcal

Für den Teig:
2 Rote Beten (ca. 300 g)
200 g Zartbitterschokolade (höchstens 50–60 % Kakao)
3 EL Olivenöl
5 Eier (M)
1 Prise Salz
3 EL Agavendicksaft
200 g gemahlene Mandeln
50 g Speisestärke
Öl für die Form
Für die Creme:
100 g weiße Schokolade
250 g Mascarpone
1 Pck. Vanillezucker
500 g Sahne

1. Für den Teig Rote Beten waschen, in einem Topf mit Wasser aufkochen und in ca. 50 Min. weich kochen. Dann die Knollen schälen, klein würfeln und im Mixer pürieren. Die Schokolade in Stücke brechen, mit dem Öl in eine kleine (Metall-)Schüssel geben und über einem heißen Wasserbad schmelzen lassen.

2. Backofen auf 180° vorheizen. Boden der Form mit Backpapier auslegen, Rand einfetten. Eier trennen. Eiweiße und Salz steif schlagen. Eigelbe mit Dicksaft verrühren, Schokolade und Rote-Bete-Püree unterrühren. Mandeln, Stärke und Eischnee unter die Schokomasse heben. Den Teig in die Form füllen. Im Ofen (Mitte, Umluft 160°) 45–50 Min. backen. Herausnehmen, Kuchen in der Form auskühlen lassen, aus der Form lösen.

3. Für die Creme Schokolade in Stücke brechen und über dem heißen Wasserbad schmelzen lassen. Mascarpone mit Vanillezucker und Schokolade glatt verrühren. Sahne steif schlagen, Mascarponecreme löffelweise unterrühren.

4. Kuchen zweimal waagrecht durchschneiden. Einen Boden auf eine Platte legen, ein Drittel der Creme darauf verteilen. Zweiten Boden auflegen, wieder ein Drittel Creme daraufgeben, dritten Boden auflegen und restliche Creme darauf verteilen. Kuchen im Kühlschrank mindestens 2 Std. durchziehen lassen.

Aroma-Deko

Hauchdünne Rote-Bete-Scheiben (von 1 Knolle) auf ein Blech (mit Backpapier) legen. Im Ofen bei ca. 50° einige Std. trocknen lassen. 150 ml Rote-Bete-Saft mit 100 g Zucker sirupartig einkochen. Getrocknete Rote-Bete-Chips durch den Sirup ziehen, kurz trocknen lassen. Die Torte damit verzieren.

Was für ein reiches Innenleben! Mit Haferflocken, Nüssen, Kernen und Pflaumen ist dieser Kuchen genau das richtige Energiebündel für Picknickkorb oder Lunchbox.

Früchtemüsli-Kuchen

FÜR 1 BACKFORM (25 x 35 cm)

ZUBEREITUNG: ca. 40 Min.
BACKEN: ca. 50 Min.
PRO STÜCK (bei 20): ca. 260 kcal

Für den Teig:
150 g Backpflaumen (ohne Stein)
1 große, nicht zu reife Birne
200 g Naturjoghurt
100 ml Rapsöl
100 g (Roh-)Rohrzucker
50 g flüssiger Akazienhonig
1 Prise Salz
4 Eier (M)
250 g Dinkelvollkornmehl
2 TL Backpulver
100 g Hafer-Vollkorn-Müsli mit Früchten
150 g gehackte Haselnüsse
50 g Sonnenblumenkerne
½ TL frisch geriebene Muskatnuss
½ TL gemahlener Ingwer
½ TL gemahlener Koriander
Öl und Mehl für die Form
Für die Garnitur:
5 EL Hafer-Vollkorn-Müsli mit Früchten
2 EL (Roh-)Rohrzucker

1. Den Backofen auf 180° vorheizen. Die Form einfetten und mit Mehl einstäuben. Für den Teig Pflaumen in kleine Würfel schneiden. Die Birne waschen und so viel Fruchtfleisch auf der Rohkostreibe grob abraspeln, bis nur noch das Kerngehäuse übrig bleibt.

2. Joghurt, Öl, Zucker, Honig und Salz mit den Quirlen des Handrührgeräts in ca. 5 Min. cremig schlagen. Dann nach und nach die Eier unterrühren.

3. Mehl, Backpulver, Müslimischung, Nüsse, Sonnenblumenkerne und Gewürze vermischen. Pflaumenwürfel und Birnenraspel unter den Müsli-Mix mengen, dann alles zur Joghurt-Eier-Masse geben und gut vermischen. Den Teig in die Form füllen und glatt streichen.

4. Für die Garnitur die Müslimischung mit dem Zucker vermischen und gleichmäßig auf den Kuchen streuen. Im Ofen (unten, Umluft 160°) 45–50 Min. backen. Herausnehmen und den Kuchen in der Form kurz abkühlen lassen, dann aus der Form stürzen und auf einem Kuchengitter auskühlen lassen. Der Früchtemüsli-Kuchen hält sich gut in Folie eingepackt 1–2 Wochen im Kühlschrank.

Variante: Cranberry-Müsli-Riegel

250 g Vollkornhaferflocken und 50 g ungeschälte Sesamsamen in 125 g geschmolzener Butter goldbraun anrösten, abkühlen lassen. Mit 2 Eiern (M), 100 g (Roh-)Rohrzucker und 200 g fein gehackten getrockneten Soft-Cranberrys verrühren. Die Masse auf einem mit Backpapier ausgelegten Backblech zu einem Rechteck (ca. 20 x 40 cm) verstreichen. Im 180° heißen Backofen (Mitte, Umluft 160°) ca. 15 Min. backen. Kurz abkühlen, dann in Rechtecke oder Quadrate schneiden.

Wunderbar zart ist dieser Biskuit aus gekochten Kartoffeln – und kombiniert mit süßem Marzipan ein wahres Gedicht.

Kartoffelkuchen
mit Marzipankugeln

FÜR 1 BACKFORM (24 x 24 cm)

ZUBEREITUNG: ca. 30 Min.
BACKEN: ca. 50 Min.
PRO STÜCK (bei 14): ca. 235 kcal

Für den Teig:
300 g gekochte Kartoffeln (vom Vortag)
6 Eier (M)
1 Prise Salz
50 g Puderzucker
1 TL Speisestärke
150 g (Roh-)Rohrzucker
150 g gemahlene, gehäutete Mandeln
2 EL Hartweizengrieß
1 TL fein abgeriebene Bio-Orangenschale
Kakaopulver zum Bestäuben
Für die Marzipankugeln:
50 g Akazienhonig
100 g gemahlene, gehäutete Mandeln
1 TL Rosenwasser (aus der Apotheke)
2 Tropfen Bittermandelöl
2 EL Kakaopulver

1. Den Backofen auf 180° vorheizen. Den Boden der Form mit Backpapier auslegen. Für den Teig Kartoffeln pellen, durch eine Kartoffelpresse drücken oder auf der Rohkostreibe fein reiben.

2. Die Eier trennen. Eiweiße und Salz mit den Quirlen des Handrührgeräts steif schlagen. Den Puderzucker mit der Stärke vermischen und unterheben. Die Eigelbe mit dem Rohrzucker cremig schlagen. Die Mandeln mit Grieß und Orangenschale vermischen und mit den durchgepressten Kartoffeln unter die Eiercreme rühren. Zum Schluss den Eischnee unterziehen.

3. Den Teig in die Form füllen und glatt streichen. Im Ofen (Mitte, Umluft 160°) ca. 50 Min. backen. Herausnehmen und den Kuchen in der Form kurz abkühlen lassen, dann aus der Form lösen und auf einem Kuchengitter auskühlen lassen.

4. Für die Marzipankugeln den Honig mit Mandeln, Rosenwasser und Bittermandelöl vermischen und so lange kneten, bis eine homogene Masse entstanden ist. Aus der Masse kleine Kugeln drehen, in Kakaopulver wälzen und trocknen lassen.

5. Vor dem Servieren den Kuchen mit Kakaopulver bestäuben, Marzipankugeln locker darauf verteilen.

Tipp

Statt das Marzipan selbst herzustellen, können Sie auch 100 g Marzipanrohmasse kurz durchkneten, zu einer Rolle formen, in Stücke teilen und daraus kleine Kugeln drehen. Marzipankugeln im Kakao wälzen und den Kuchen damit dekorieren.

Kuchen, Tartes & Torten

frisch am besten!

Hier erwarten Sie süße Backideen, bei denen frische Früchte, Reis, Polenta & Co. den Ton angeben. Mit von der Partie: Kräuter wie Thymian, Estragon und Basilikum sowie allerlei buntes Gemüse.

BU

Ein Prachtstück voller Saft und Kraft – und ganz ohne Mehl gebacken: Die milchige Kokosreismasse gibt dem fruchtigen Teig das nötige Stehvermögen.

Kokos-Reis-Torte
mit Mango

FÜR 1 SPRINGFORM (26 cm Ø)

ZUBEREITUNG: ca. 30 Min.
KOCHEN: ca. 30 Min.
BACKEN: ca. 50 Min.
KÜHLEN: ca. 30 Min.
PRO STÜCK (bei 12): ca. 285 kcal

Für die Reismasse:
400 ml ungesüßte Kokosmilch
350 ml Milch
1 Prise Salz
100 g (Roh-)Rohrzucker
150 g Risottoreis
1 Bio-Zitrone
1 große Mango (ca. 600 g)
4 Eier (M)
100 g Kokosraspel
1 Pck. Vanillezucker
Fett und Kokosraspel für die Form
Für die Garnitur:
3 Blatt weiße Gelatine
¼ l Mangosaft
Kokoschips zum Bestreuen

1. Für die Reismasse in einem Topf Kokosmilch, Milch, Salz und Rohrzucker aufkochen. Reis unter Rühren einstreuen und zugedeckt bei geringer Hitze in 25–30 Min. ausquellen lassen. Vom Herd nehmen und kurz abkühlen lassen.

2. Dann den Backofen auf 180° vorheizen. Die Form einfetten und mit Kokosraspeln einstreuen. Die Zitrone heiß waschen und abtrocknen, die Schale fein abreiben, den Saft auspressen. Die Mango schälen und das Fruchtfleisch großzügig vom Stein schneiden. 250 g Mangofleisch in kleine Würfel schneiden, das übrige Mangofleisch abgedeckt beiseitestellen.

3. Die Eier trennen. Die Eiweiße mit den Quirlen des Handrührgeräts steif schlagen. Eigelbe, Kokosraspel, Vanillezucker, Zitronenschale und -saft unter die Reismasse rühren, Mangowürfel untermischen. Ein Drittel des Eischnees unter die Reismasse rühren, dann den übrigen Eischnee unterheben.

4. Die Reismasse in die Form füllen und glatt streichen. Im Ofen (unten, Umluft 160°) 45–50 Min. backen. Herausnehmen und die Torte in der Form auf einem Kuchengitter auskühlen lassen. Dann die Torte aus der Form lösen und auf eine große Platte setzen, mit dem Springformrand wieder umschließen.

5. Für die Garnitur die Gelatine ca. 5 Min. in kaltem Wasser einweichen. Den Mangosaft leicht erwärmen, die Gelatine ausdrücken und in dem Saft auflösen. Den Mangoguss im Kühlschrank ca. 30 Min. abkühlen lassen.

6. Kurz bevor der Mangoguss zu gelieren beginnt, gleichmäßig über die Torte gießen. Das übrige Mangofruchtfleisch in dünne Scheiben schneiden und fächerförmig auf die Torte legen. Mit Kokoschips bestreuen. Den Guss erstarren lassen.

Dieser Kuchen macht mächtig was her: Schokolade und Haferflockenkekse als Boden, gebacken mit einer süßen Kartoffel-Quark-Creme und garniert mit herbsüßem Preiselbeerkompott.

Kartoffel-Cheesecake
mit Preiselbeeren

FÜR 1 SPRINGFORM (26 cm Ø)

ZUBEREITUNG: ca. 1 Std.
BACKEN: ca. 50 Min.
KÜHLEN: ca. 12 Std. 30 Min.
PRO STÜCK (bei 16): ca. 275 kcal

Für den Boden:
100 g Zartbitterschokolade
50 g Butter
100 g Haferflockenkekse
Für den Belag:
400 g mehligkochende Kartoffeln
Salz
1 Bio-Zitrone
750 g Magerquark
200 g Doppelrahm-Frischkäse
50 g gemahlene, gehäutete Mandeln
100 g (Roh-)Rohrzucker
1 EL Vanillezucker
4 Eier (M)
4 EL brauner Rum (ersatzweise Orangensaft)
400 g Preiselbeerkompott
2 EL Agavendicksaft
1 EL pflanzliches Bindemittel (z. B. Biobin)

1. Den Boden der Form mit Backpapier auslegen. Die Schokolade hacken, mit der Butter in einen kleinen Topf geben und bei geringer Hitze unter Rühren schmelzen lassen. Kekse in einen Gefrierbeutel geben und mit einem Nudelholz so lange darüberrollen, bis feine Brösel entstanden sind. Die Brösel mit der Schokolade vermischen und die Masse auf dem Formboden flach drücken. Für ca. 30 Min. in den Kühlschrank stellen.

2. Inzwischen für den Belag die Kartoffeln schälen, waschen und in grobe Würfel schneiden. In Salzwasser in ca. 15 Min. weich kochen, dann abgießen, kurz ausdampfen lassen und mit einem Kartoffelstampfer zerdrücken oder durch eine Kartoffelpresse drücken. Die Zitrone heiß waschen und abtrocknen, die Schale fein abreiben, den Saft auspressen.

3. Backofen auf 180° vorheizen. Quark, Frischkäse, Zitronenschale und -saft, Mandeln, Rohr- und Vanillezucker mit den Quirlen des Handrührgeräts in ca. 5 Min. cremig rühren. Die Eier nacheinander je 30 Sek. unterrühren, dann Kartoffeln und Rum unterrühren. Die Masse auf den Bröselboden streichen.

4. Den Kuchen im Ofen (unten, Umluft 160°) 45–50 Min. backen. Dann herausnehmen und den Kuchen in der Form auf einem Kuchengitter ca. 12 Std. (am besten über Nacht) auskühlen lassen.

5. Das Preiselbeerkompott mit dem Agavendicksaft in einem Topf verrühren, einmal aufkochen lassen, Bindemittel unterrühren. Das Kompott kurz kochen lassen, bis es gebunden ist, dann lauwarm abkühlen lassen. Den Kuchen aus der Form lösen, das Kompott auf dem Kuchen verteilen und in 30 Min. fest werden lassen.

Ein wahre Legende auf neuen Wegen: Im amerikanischen Lieblingskuchen steckt Kürbis, der dem Gebäck eine ansprechende Farbe und reichlich Aroma schenkt.

Kürbis-Cheesecake

FÜR 1 SPRINGFORM (26 cm Ø)

ZUBEREITUNG: ca. 1 Std.
BACKEN: ca. 1 Std.
ABKÜHLEN: ca. 1 Std.
PRO STÜCK (bei 12): ca. 280 kcal

Für den Belag:
1 Hokkaidokürbis (ca. 800 g)
300 g Doppelrahm-Frischkäse
2 EL Ahornsirup
3 Eier (M)
¼ TL Salz
je ½ TL gemahlener Zimt und Ingwer
1 kräftige Prise frisch geriebene Muskatnuss
Für den Boden:
50 g Butter
100 g Vollkorn-Butterkekse
50 g Walnüsse
2 EL Ahornsirup
Für die Glasur:
300 g saure Sahne
2 EL flüssiger Honig
1 Pck. Bourbon-Vanillezucker

1. Den Backofen auf 200° vorheizen. Kürbis längs dritteln, entkernen und auf ein Backblech legen. Im Ofen (Mitte, Umluft 180°) 40–45 Min. backen, bis das Kürbisfleisch weich ist.

2. Inzwischen den Boden der Form mit Backpapier auslegen. Für den Kuchenboden die Butter schmelzen. Butterkekse und Walnüsse in einen Gefrierbeutel geben und mit einem Nudelholz so lange darüberrollen, bis feine Brösel entstanden sind. Die Keks-Nuss-Brösel mit dem Ahornsirup und der Butter gut vermischen und auf dem Springformboden verteilen.

3. Den Backofen auf 180° (Umluft 160°) zurückschalten. Den Kürbis aus dem Ofen nehmen, etwas abkühlen lassen. Dann das Kürbisfleisch mit einem Löffel von der Schale schaben und in einer hohen Schüssel mit einem Pürierstab fein zerkleinern.

4. Den Frischkäse mit Ahornsirup, Eiern, Salz, Zimt, Ingwer und Muskat glatt verrühren. Das Kürbispüree untermengen und die Creme gleichmäßig auf dem Kuchenboden verteilen. Im Ofen (Mitte) ca. 50 Min. backen. Dann herausnehmen und den Kuchen in der Form auf einem Kuchengitter ca. 1 Std. abkühlen lassen. Den Ofen währenddessen ausschalten, dann rechtzeitig wieder vorheizen.

5. Für die Glasur die saure Sahne mit dem Honig und Vanillezucker verrühren und gleichmäßig auf dem Kuchen verteilen. Im Ofen (Mitte) nochmals ca. 8 Min. backen. Herausnehmen und abkühlen lassen, aus der Form lösen und kühl stellen.

Fig. 217.

Unsere bodenständige Karotte passt einfach fantastisch zur göttlichen Sharon, der Frucht des Zeus. Unbedingt probieren!

Möhren-Erdnuss-Kuchen
mit Sharonfrüchten

FÜR 1 SPRINGFORM (24 cm Ø)

ZUBEREITUNG: ca. 40 Min.
BACKEN: ca. 30 Min.
PRO STÜCK (bei 10): ca. 365 kcal

Für den Teig:
300 g Möhren
2 EL Erdnussöl (ersatzweise Raps- oder Sonnenblumenöl)
1 TL fein abgeriebene Bio-Orangenschale
½ TL gemahlener Ingwer
200 g ungesalzene Erdnüsse
5 Eier (M)
1 Prise Salz
125 g (Roh-)Rohrzucker
100 g gehackte Mandeln
2 gestr. EL Speisestärke
Öl für die Form
Für den Belag:
4 Sharonfrüchte
3 EL Orangengelee
2 EL Ahornsirup

1. Den Backofen auf 180° (Umluft 160°) vorheizen. Den Boden der Form mit Backpapier auslegen, den Rand einfetten. Möhren schälen und auf der Rohkostreibe ganz fein reiben. Mit dem Öl, der Orangenschale und dem Ingwer vermischen.

2. Erdnüsse in einem elektrischen Blitzhacker fein mahlen. Eier trennen. Eiweiße und Salz mit den Quirlen des Handrührgeräts steif schlagen, dabei den Rohrzucker langsam einrieseln lassen. Eigelbe unterrühren. Erdnüsse, Mandeln und die Stärke vermischen, unterheben. Möhren zügig unter den Teig ziehen.

3. Den Teig in die Form füllen und glatt streichen. Im Ofen (Mitte) 25–30 Min. backen. Herausnehmen und den Kuchen in der Form auf einem Kuchengitter auskühlen lassen. Dann aus der Form lösen und den Kuchen waagrecht halbieren.

4. Die Sharoni waschen, putzen, in hauchdünne Scheiben schneiden und auf Klarsichtfolie oder einer Platte ausbreiten. Gelee mit Sirup unter Rühren erhitzen, die Kuchenböden und die Fruchtscheiben damit bestreichen. Die Hälfte der Fruchtscheiben auf dem unteren Boden verteilen, oberen Boden auflegen und mit den übrigen Fruchtscheiben dekorativ belegen.

Variante mit Sirupfrüchten

Dafür 4 Orangen schälen, dabei auch die weiße Haut mit entfernen. Orangen in dünne Scheiben schneiden und in eine Schüssel legen. 100 ml Ahornsirup mit 1 TL Rübensirup und 1 EL Granatapfelsirup unter Rühren 2–3 Min. köcheln lassen. Sirup über die Orangen gießen, mit einem Teller beschweren, mindestens 1 Std. durchziehen lassen. Dann Orangenscheiben aus dem Sirup nehmen und die Kuchenböden damit belegen.

Kombinieren Sie das Süße und Herzhafte mit ein bisschen Mut – und herauskommt ein ganz besonderes Geschmackserlebnis.

Schoko-Käsekuchen
mit Oliven

FÜR 1 SPRINGFORM (26 cm Ø)

ZUBEREITUNG: ca. 35 Min.
BACKEN: ca. 50 Min.
PRO STÜCK (bei 12): ca. 355 kcal

150 g Vollkorn-Butterkekse
50 g schwarze Oliven
150 g Zartbitterschokolade
100 g Sahne
1 TL Instant-Espressopulver
je 1 kräftige Prise gemahlene Chilis und Muskatblüten
⅛ l Olivenöl
100 g (Roh-)Rohrzucker
1 Pck. Schokoladenpuddingpulver (zum Kochen)
3 Eier (M)
500 g Magerquark
Puderzucker zum Bestäuben (nach Belieben)
Öl für die Form

1. Den Backofen auf 160° vorheizen. Den Boden der Form mit Backpapier auslegen, den Rand einfetten. Butterkekse in einen Gefrierbeutel geben und mit einem Nudelholz so lange darüberrollen, bis feine Brösel entstanden sind.

2. Das Fleisch der Oliven von den Steinen schneiden, in ein Sieb geben, kurz abbrausen und mit Küchenpapier trockentupfen. Oliven mit einem Pürierstab fein zerkleinern.

3. Schokolade in kleine Stücke brechen. Sahne in einem Topf mit Espressopulver, Chili und Muskat erwärmen. Die Schokolade darin unter Rühren schmelzen lassen. 2 EL Schokosahne mit Oliven und 60 ml Olivenöl verrühren, mit den Keksbröseln vermischen und gleichmäßig auf dem Formboden verteilen.

4. Übrige Schokosahne mit restlichem Olivenöl, Rohrzucker und Puddingpulver mit den Quirlen des Handrührgeräts glatt verrühren. Eier und Quark unterrühren, bis eine geschmeidige, glatte Masse entstanden ist. Auf dem Bröselboden verteilen und glatt streichen. Im Ofen (unten, Umluft 140°) ca. 50 Min. backen. Herausnehmen und den Kuchen in der Form auf einem Kuchengitter auskühlen lassen, dann aus der Form lösen. Nach Belieben mit Puderzucker bestäuben.

Variante ohne Oliven

200 g Mandelmakronen auf den Boden der Springform bröseln. 100 g Schokoraspel mit 1 TL Instant-Espressopulver und 3 EL Sahne bei geringer Hitze schmelzen. Mit 100 g weicher Butter, 150 g (Roh-)Rohrzucker, 3 Eiern (M), 1 Pck. Schokopuddingpulver (zum Kochen), 250 g Doppelrahm-Frischkäse und 250 g Magerquark verrühren. Die Mischung auf den Bröseln verteilen und glatt streichen. Im Ofen wie oben beschrieben backen.

MÖHREN-APFEL-TARTE

FÜR 1 TARTEFORM (28 cm Ø)

ZUBEREITUNG: ca. 50 Min.
BACKEN: ca. 1 Std.
PRO STÜCK (bei 12): ca. 195 kcal

125 g Instant-Couscous
60 g Butter
2 EL (Roh-)Rohrzucker
1 Prise Salz | 3 Eier (M)
400 g Möhren
100 g Sahne | 3 EL Honig
1 Msp. frisch geriebene Muskatnuss
4 EL Zitronensaft
1–2 EL Weizenmehl (Type 1050)
4 säuerliche Äpfel (ca. 600 g)
3 EL Aprikosenaufstrich
Butter für die Form

1. Couscous in einer Schüssel mit 200 ml kochend heißem Wasser übergießen, zugedeckt ca. 5 Min. quellen lassen. Die Butter schmelzen und mit dem Zucker, Salz und 1 Ei mit einem Schneebesen gründlich unter den Couscous rühren.

2. Die Form einfetten. Die Couscousmasse einfüllen und glatt streichen, dabei einen Rand formen. Die Form ca. 30 Min. in den Kühlschrank stellen.

3. Inzwischen Möhren schälen und klein würfeln. Die Sahne und den Honig in einem Topf erhitzen, die Möhren darin zugedeckt bei mittlerer Hitze in ca. 10 Min. weich garen. Mit einem Pürierstab fein zerkleinern, mit Muskat und 2 EL Zitronensaft würzen. Die Möhrencreme vom Herd nehmen, restliche Eier und das Mehl unterrühren. Die Creme gleichmäßig auf dem Couscousboden verteilen. Den Backofen auf 180° vorheizen.

4. Äpfel achteln, schälen, entkernen, längs einschneiden und mit übrigem Zitronensaft beträufeln. Äpfel auf der Creme verteilen und leicht eindrücken. Im Ofen (unten, Umluft 160°) ca. 1 Std. backen. Herausnehmen, Tarte kurz abkühlen lassen. Aprikosenaufstrich erwärmen und die Äpfel damit bestreichen.

POLENTA-RICOTTA-TARTE

FÜR 1 TARTEFORM (28 cm Ø)

ZUBEREITUNG: ca. 45 Min.
BACKEN: ca. 45 Min.
PRO STÜCK (bei 12): ca. 210 kcal

50 g Rosinen
4 EL Orangenlikör oder -saft
125 g feiner Maisgrieß (Polenta)
Salz | 3 Eier (M)
1 EL Bourbon-Vanillezucker
250 g Ricotta | 6 EL Milch
100 g (Roh-)Rohrzucker
50 g gehackte Mandeln
1 TL fein abgeriebene Bio-Orangenschale
½ TL gemahlener Zimt
2 EL Pinienkerne
2 EL Mandelblättchen
1 EL Butter | Butter für die Form

1. Die Rosinen mit dem Orangenlikör oder -saft beträufeln und ca. 20 Min. einweichen. In einem Topf ½ l Wasser aufkochen. Den Maisgrieß einstreuen, leicht salzen und unter Rühren einmal aufkochen, dann bei geringer Hitze zugedeckt 10 Min. quellen lassen. Vom Herd nehmen, abkühlen lassen.

2. Den Backofen auf 180° (Umluft 160°) vorheizen, die Form einfetten. Die Eier trennen. Eiweiße mit den Quirlen des Handrührgeräts steif schlagen, dabei Vanillezucker einrieseln lassen. Eigelbe, Ricotta, Milch und Rohrzucker gründlich verrühren. Erst die Polentamasse, dann gehackte Mandeln, Rosinen samt Flüssigkeit, Orangenschale, Zimt und Pinienkerne unterrühren. Den Eischnee vorsichtig unter die Polentamasse heben.

3. Die Masse in die Form füllen, glatt streichen und im Ofen (unten, Umluft 160°) 25 Min. backen. Dann die Mandelblättchen auf der Tarte verteilen und mit der Butter in Flöckchen belegen. Die Tarte in ca. 20 Min. fertig backen.

4. Tarte aus dem Ofen nehmen und am besten lauwarm servieren. Dazu passen mit Ahornsirup marinierte Erdbeeren, Pfirsiche, Feigen oder andere Früchte der Saison.

Er hält jung, gibt Kraft, stärkt die Nerven und ist doch nur ein Kuchen: gesunde Erbsen treffen auf Pistazien aus dem Orient.

Buchweizentarte
mit Erbsen-Pistazien-Creme

FÜR 1 TARTEFORM (28 cm Ø)

ZUBEREITUNG: ca. 45 Min.
KÜHLEN: ca. 20 Min.
PRO STÜCK (bei 12): ca. 320 kcal

Für den Teig:
2 TL helles Mandelmus
50 ml Rapsöl
1 Ei (M)
1 Pck. Vanillezucker
200 g Buchweizenmehl
Öl für die Form
Mehl zum Arbeiten
Für den Belag:
1 Zitrone
50 g (Roh-)Rohrzucker
1 Stängel Minze
300 g TK-Erbsen
50 g Pistazienkerne
250 g Mascarpone
150 g Sahne
Für die Garnitur:
Pistazienkerne und Minzeblättchen zum Bestreuen

1. Den Backofen auf 180° (Umluft 160°) vorheizen, die Form einfetten. Für den Teig das Mandelmus mit Rapsöl, Ei und dem Vanillezucker mit den Quirlen des Handrührgeräts verrühren. Das Buchweizenmehl dazugeben und alles mit den Händen rasch zu einem glatten Teig verkneten.

2. Den Teig auf der mit Mehl bestäubten Arbeitsfläche möglichst dünn rund ausrollen und die Form damit auskleiden, dabei einen Rand formen. Den Teig mit einer Gabel mehrmals einstechen. Im Ofen (Mitte) 10–15 Min. backen.

3. Inzwischen für den Belag Zitrone auspressen und den Saft mit 100 ml Wasser und Rohrzucker in einen Topf geben. Minze abbrausen und dazugeben, alles aufkochen. Die tiefgekühlten Erbsen untermischen und zugedeckt bei mittlerer Hitze in ca. 10 Min. weich garen, dann die Minze entfernen.

4. Die Form aus dem Ofen nehmen und den Tarteboden in der Form auf einem Kuchengitter auskühlen lassen. Erbsen in einem Mixer oder mit einem Pürierstab fein zerkleinern. Das Erbsenpüree durch ein Sieb streichen. Im Kühlschrank ca. 20 Min. abkühlen lassen.

5. Die Pistazienkerne in einem elektrischen Blitzhacker fein mahlen. Mascarpone mit Pistazien glatt verrühren, dann das Erbsenpüree nach und nach unterrühren. Sahne steif schlagen und unterheben. Die Creme auf dem Kuchenboden verteilen. Den Kuchen mit Pistazienkernen bestreuen und mit Minzeblättchen garnieren.

Schon einmal so eine außergewöhnliche Tarte probiert? Nein? Dann wird es Zeit, denn sie schmeckt einfach wunderbar – und am allerbesten ganz frisch.

Feigentarte
mit Mandel-Bohnen-Creme

FÜR 1 TARTEFORM (28 cm Ø)

ZUBEREITUNG: ca. 1 Std. 10 Min.
EINWEICHEN: ca. 12 Std.
PRO STÜCK (bei 12): ca. 285 kcal

Für den Teig:
125 g Dinkelmehl (Type 1050)
100 g Magerquark
1 Prise Salz
1 Pck. Vanillezucker
75 ml Sonnenblumenöl
50 g Zartbitterschokoladenraspel (Fertigprodukt)
Öl für die Form
Mehl zum Arbeiten
Für den Belag:
100 g getrocknete kleine weiße Bohnen
2 EL Akazienhonig
½ Vanilleschote
100 g gehäutete Mandelkerne
100 g Crème légère
200 g Sahne
2 TL Rosenwasser (aus der Apotheke)
3 Feigen

1. Für den Belag die Bohnen in reichlich kaltem Wasser 12 Std. einweichen, danach in einem Sieb abtropfen lassen.

2. Dann den Backofen auf 200° (Umluft 180°) vorheizen, die Form einfetten. Für den Teig Mehl, Quark, Salz und Vanillezucker auf die Arbeitsfläche geben. In die Mitte eine Mulde drücken und das Öl hineingießen. Alles mit den Händen rasch zu einem glatten Teig verkneten.

3. Den Teig auf der mit Mehl bestäubten Arbeitsfläche möglichst dünn rund ausrollen und die Form damit auskleiden, dabei einen Rand formen. Teig mit den Schokoladenraspeln bestreuen. Im Ofen (Mitte) ca. 15 Min. backen. Dann herausnehmen und den Tarteboden in der Form auf einem Kuchengitter auskühlen lassen.

4. Zwischendurch 400 ml Wasser mit dem Honig und der Vanilleschote aufkochen. Die Bohnen und Mandelkerne dazugeben und bei geringer Hitze 30–40 Min. köcheln lassen, bis die Flüssigkeit verdampft ist. Die Vanilleschote entfernen, die Mischung kurz abkühlen lassen.

5. Den Mandel-Bohnen-Mix mit der Crème légère in einem Mixer oder mit einem Pürierstab fein zerkleinern. Die Sahne steif schlagen und das Püree löffelweise unterrühren. Die Creme mit Rosenwasser aromatisieren, auf dem Tarteboden verteilen und glatt streichen.

6. Die Feigen vorsichtig waschen und trocken tupfen. Feigen achteln und dekorativ auf der Creme verteilen.

Sonnenverwöhnte Früchte auf einer vanillewürzigen Crème fraîche – ein sommerlicher Backgruß französischer Art, getoppt mit aromatischem Zitronenthymian.

Aprikosentarte
mit Thymian

FÜR 1 TARTEFORM (28 cm Ø oder 20 x 30 cm)

ZUBEREITUNG: ca. 30 Min.
RUHEN: ca. 20 Min.
BACKEN: ca. 55 Min.
PRO STÜCK (bei 12): ca. 265 kcal

Für den Teig:
230 g Dinkelmehl (Type 630)
50 g (Roh-)Rohrzucker
50 ml Olivenöl
1 Eigelb (M)
1 Prise Salz
Öl für die Form
Mehl zum Arbeiten
Backpapier und Hülsenfrüchte zum Blindbacken

Für den Belag:
1 kg Aprikosen
½ Bund (Zitronen-)Thymian
250 g Crème fraîche
1 Ei (M)
1 Pck. Bourbon-Vanillezucker
1 TL fein abgeriebene Bio-Zitronenschale
2 EL (Roh-)Rohrzucker
1 EL Butter
Puderzucker zum Bestäuben

1. Die Form einfetten. Für den Teig Mehl mit Zucker, Öl, Eigelb, Salz und 6 EL kaltem Wasser erst mit den Knethaken des Handrührgeräts, dann mit den Händen zu einem glatten Teig verkneten. Auf der mit Mehl bestäubten Arbeitsfläche möglichst dünn rund ausrollen, die Form damit auskleiden, dabei einen Rand formen. Den Teig ca. 20 Min. ruhen lassen.

2. Dann den Backofen auf 180° (Umluft 160°) vorheizen. Den Teig mit Backpapier belegen und die Hülsenfrüchte darauf verteilen. Im Ofen (Mitte) 15–20 Min. vorbacken. Herausnehmen, Hülsenfrüchte und Papier entfernen.

3. Für den Belag die Aprikosen waschen, halbieren und entsteinen. Thymian abbrausen und trocken schütteln, Blättchen abstreifen und grob hacken. Crème fraîche, Ei, Vanillezucker und Zitronenschale verrühren.

4. Die Creme auf dem Tarteboden verstreichen und die Aprikosen dachziegelartig darauflegen (die Schnittflächen sollten nach oben schauen). Mit Rohrzucker und Thymian bestreuen, mit der Butter in kleinen Flöckchen belegen. Die Tarte im Ofen (unten) 30–35 Min. backen. Dann herausnehmen und die Tarte auf einem Kuchengitter lauwarm abkühlen lassen. Fein mit Puderzucker bestäubt servieren.

Variante: Pfirsich-Lavendel-Tarte

Teig wie oben beschrieben zubereiten und vorbacken. 100 g Crème double und 1 Ei (M) verrühren, auf den Boden streichen. 4 gehäutete Pfirsiche in dicken Spalten darauf verteilen. Mit 4 EL braunem Zucker und 2 EL frischen Lavendelblüten bestreuen. Die Tarte wie beschrieben fertig backen.

Diese cremige, erfrischende Torte aus dem Kühlschrank ist ein echtes Sommer-Highlight – perfekt im Aussehen und zudem umwerfend im Geschmack.

Ricottatorte
mit Rosmarin und Honig

FÜR 1 SPRINGFORM (20 cm Ø)

ZUBEREITUNG: ca. 40 Min.
KÜHLEN: ca. 2 Std. 30 Min.
PRO STÜCK (bei 8): ca. 260 kcal

Für den Belag:
2 Zweige Rosmarin
¼ l Milch
100 g Akazienhonig
4 Blatt weiße Gelatine
250 g Ricotta
200 g Crème fraîche
Für den Boden:
150 g Pumpernickel
Für die Garnitur:
4–5 Johannisbeerrispen
Puderzucker zum Bestäuben
1 Zweig Rosmarin

1. Für den Belag Rosmarin abbrausen und mit der Milch und dem Honig in einen Topf geben, langsam erhitzen und 10 Min. bei geringer Hitze leise köcheln lassen. Die Gelatine 5–10 Min. in kaltem Wasser einweichen.

2. Inzwischen den Boden der Form mit Backpapier auslegen. Das Pumpernickel möglichst fein zerkrümeln und gleichmäßig auf dem Formboden verteilen.

3. Die Rosmarinmilch durch ein Sieb gießen, auffangen und wieder in den Topf füllen, nochmals erwärmen. Gelatine leicht ausdrücken und in der Milch auflösen. Rosmarinmilch in eine Schüssel umfüllen, im Kühlschrank 30 Min. abkühlen lassen.

4. Dann Ricotta und Crème fraîche mit den Quirlen des Handrührgeräts glatt verrühren, Rosmarinmilch unterrühren. Die Creme auf dem Pumpernickelboden verteilen. Den Kuchen für ca. 2 Std. in den Kühlschrank stellen und die Creme fest werden lassen.

5. Vor dem Servieren Johannisbeerrispen waschen, trocken tupfen und mit Puderzucker bestäuben. Rosmarin abbrausen, trocken tupfen und in kleine Zweigchen schneiden. Die Torte mit Johannisbeerrispen und Rosmarin dekorieren.

Tipp

Wer möchte, kann statt der Springform auch eine Terrinenform (ca. ¾ l) verwenden. Diese möglichst glatt mit Klarsichtfolie auslegen, bevor sie befüllt wird, damit man die fertige Torte zum Schluss gut aus der Form stürzen kann.

Zwei Aromen trumpfen auf: Die Fruchtsauce aus Maracuja und Estragon ist ein reizvoller Kontrast zur zartsüßen Quarkmousse.

Passionsfruchttarte
mit Estragon

FÜR 1 TARTEFORM (28 cm Ø)

ZUBEREITUNG: ca. 1 Std.
KÜHLEN: ca. 1 Std.
BACKEN: ca. 20 Min.
PRO STÜCK (bei 12): ca. 280 kcal

Für den Teig:
250 g Dinkelmehl (Type 630)
50 g (Roh-)Rohzucker
125 g kalte Joghurt-Butter
Butter für die Form
Mehl zum Arbeiten
Backpapier und Hülsenfrüchte zum Blindbacken
Für den Belag:
6 Passionfrüchte (Maracuja)
1 Vanilleschote
3 EL flüssiger Honig
4 Stängel Estragon
2 Eiweiße (M)
75 g (Roh-)Rohrzucker
125 g Sahne
1 Bio-Limette
250 g Speisequark
2 TL pflanzliches Bindemittel (z. B. Johannisbrotkernmehl)

1. Für den Teig das Mehl und den Zucker vermischen. Mit 3 EL kaltem Wasser und der Butter in kleinen Flöckchen rasch zu einem glatten Teig verkneten. In Folie wickeln und 1 Std. in den Kühlschrank legen.

2. Den Backofen auf 180° (Umluft 160°) vorheizen, die Form einfetten. Den Teig auf der mit Mehl bestäubten Arbeitsfläche 5 mm dick rund ausrollen, die Form damit auskleiden, dabei einen Rand formen. Teig mit Backpapier und Hülsenfrüchten belegen. Im Ofen (unten) 15–20 Min. backen. Herausnehmen, Papier und Hülsenfrüchte entfernen. Tarteboden in der Form auf einem Kuchengitter auskühlen lassen.

3. Für den Belag die Passionsfrüchte quer halbieren und das Fruchtmark herauslösen, Mark in einen Topf geben. Vanilleschote längs aufschlitzen, das Mark herauskratzen und mit dem Honig dazugeben. Den Estragon abbrausen und trocken schütteln, 3 Stängel ebenfalls in den Topf geben. Alles zum Kochen bringen und bei mittlerer Hitze ca. 5 Min. kochen, dann auskühlen lassen. Die Estragonstängel entfernen.

4. Die Eiweiße mit den Quirlen des Handrührgeräts steif schlagen, dabei den Zucker einrieseln lassen. Die Sahne steif schlagen. Limette heiß waschen, abtrocknen und die Schale fein abreiben. Den Quark mit Limettenschale und Bindemittel verrühren. Zuerst die Sahne unter den Quark heben, dann den Eischnee unterziehen. Quarkmousse locker auf dem Tortenboden verteilen und 1 Std. kalt stellen.

5. Dann die Maracujasauce auf der Mousse verteilen. Die Estragonblättchen vom übrigen Stängel zupfen und über die Tarte streuen.

Was will man mehr: Eine süße Azteken-Avocadocreme mit aromatischen Erdbeeren krönt einen herrlich luftigen Kuchenboden mit Kürbis. Einfach perfekt!

Kürbisbiskuit mit Erdbeeren
und Avocadocreme

FÜR 1 SPRINGFORM (26 cm Ø)

ZUBEREITUNG: ca. 40 Min.
GAREN: ca. 40 Min.
BACKEN: ca. 15 Min.
PRO STÜCK (bei 12): ca. 255 kcal

Für den Teig:
1 Stück Muskatkürbis (ca. 400 g)
3 Eier (M)
1 Prise Salz
2 EL Agavendicksaft
1 TL fein abgeriebene Bio-Orangenschale
75 g Dinkelmehl (Type 630)
1 TL Backpulver
Für den Belag:
2 vollreife Avocados
2 EL Zitronensaft
50 g Puderzucker
100 g Mascarpone (ersatzweise Doppelrahm-Frischkäse)
200 g Sahne
Für die Garnitur:
500 g kleine Erdbeeren (mit Grün)

1. Den Backofen auf 200° vorheizen. Für den Teig den Kürbis halbieren, entkernen und auf ein Backblech legen. Im Ofen (Mitte, Umluft 180°) 35–40 Min. backen, bis das Kürbisfleisch schön weich ist. Den Kürbis aus dem Ofen nehmen, etwas abkühlen lassen. Dann Kürbisfleisch mit einem Löffel von den Schalen schaben (es müssen 200 g Fruchtfleisch sein).

2. Den Backofen auf 180° (Umluft 160°) zurückschalten. Den Boden der Form mit Backpapier auslegen. Eier trennen. Eiweiße und Salz mit den Quirlen des Handrührgeräts steif schlagen. Eigelbe mit Agavendicksaft, Kürbisfruchtfleisch und Orangenschale cremig schlagen. Eischnee dazugeben, Mehl und Backpulver vermischen und darübersieben. Alles locker unter die cremige Masse heben.

3. Den Teig in die Form füllen und glatt streichen. Im Ofen (Mitte) ca. 15 Min. backen. Herausnehmen und den Biskuit in der Form auf einem Kuchengitter kurz abkühlen lassen, dann aus der Form lösen und auskühlen lassen.

4. Für den Belag die Avocados halbieren, die Kerne entfernen. Das Fruchtfleisch mit einem Löffel aus den Schalen lösen und klein würfeln. Mit Zitronensaft, Puderzucker und Mascarpone in einem Mixer oder mit einem Pürierstab fein zerkleinern. Die Sahne steif schlagen und unterheben. Die Avocadocreme locker auf dem Kürbisbiskuit verteilen.

5. Für die Garnitur die Erdbeeren samt dem Grün abbrausen, trocken tupfen, eventuell halbieren und dekorativ leicht in die Avocadocreme drücken.

Der beliebte Kuchen-Evergreen orginell und ganz neu: mit feinwürzigen Basilikumblättchen und erfrischenden Erdbeeren in der Quarkfüllung und Buchweizenmehl im Biskuit.

Buchweizen-Biskuitrolle
mit Basilikum und Erdbeeren

FÜR 1 BACKBLECH (30 x 40 cm)

ZUBEREITUNG: ca. 1 Std.
BACKEN: ca. 13 Min.
KÜHLEN: ca. 2 Std. 30 Min.
PRO STÜCK (bei 10): ca. 290 kcal

Für den Teig:
½ Bio-Limette
5 Eier (M)
200 g (Roh-)Rohrzucker
1 Prise Salz
150 g Dinkelmehl (Type 630)
50 g Buchweizenmehl
1 TL Backpulver
(Roh-)Rohrzucker zum Bestreuen
Für die Füllung und Garnitur:
4 Blatt weiße Gelatine
1 Bio-Limette
8 Stängel Basilikum
300 g Magerquark
50 g Agavendicksaft
300 g Erdbeeren
150 g Sahne
Puderzucker zum Bestäuben (nach Belieben)

1. Den Backofen auf 200° (Umluft 180°) vorheizen. Ein Backblech mit Backpapier auslegen. Ein großes Küchentuch gleichmäßig dünn mit Zucker bestreuen.

2. Für den Teig Limette heiß waschen, abtrocken und die Schale fein abreiben. Eier mit 4 EL warmem Wasser, Zucker, Salz und der Limettenschale mit den Quirlen des Handrührgeräts in ca. 8 Min. hellcremig schlagen. Dinkelmehl, Buchweizenmehl und Backpulver vermischen und vorsichtig unter die Eiermasse heben. Den Teig auf dem Blech verteilen und glatt streichen. Im Ofen (Mitte) 12–13 Min. backen.

3. Den Biskuit auf das Küchentuch stürzen, das Papier vorsichtig abziehen. Die Biskuitplatte sofort mit Hilfe des Tuchs aufrollen und auskühlen lassen.

4. Inzwischen für den Belag Gelatine 5 Min. in kaltem Wasser einweichen. Limette heiß waschen und abtrocken, Schale fein abreiben, Saft auspressen. Von 6 Basilikumstängeln die Blätter abzupfen, grob hacken. Mit Quark, Agavendicksaft, Limettensaft und -schale mit den Quirlen des Handrührgeräts glatt verrühren. Gelatine ausdrücken und bei geringer Hitze in einem kleinen Topf auflösen. 2 EL Quarkcreme unterrühren, dann Gelatinemischung unter die restliche Quarkcreme rühren. Die Creme ca. 30 Min. kalt stellen, bis sie zu gelieren beginnt.

5. Dann die Erdbeeren waschen, putzen und klein schneiden. Übrige Basilikumblättchen von den Stängeln zupfen. Die Sahne steif schlagen und vorsichtig unter die Quarkcreme heben. Biskuitplatte entrollen, Quarkcreme daraufstreichen, dabei einen ca. 2 cm breiten Rand frei lassen. Erdbeeren und Basilikum darüberstreuen. Biskuit erneut aufrollen und ca. 2 Std. kühlen. Die Biskuitrolle nach Belieben mit Puderzucker bestäuben.

Kuchen vom Blech

mit neuem Pep

Diese Blechkuchen sind so delikat und originell, dass Kombinationen wie Birnen-Salbei-Kuchen, Rhabarber-Beeren-Pizza oder Rote-Bete-Quitten-Linzer jetzt bestimmt öfter auf den Kaffeetisch kommen.

Dieser Kuchen macht Exotiklaune: In Limettensaft marinierte Zucchini- und Mangoscheiben tummeln sich auf einem dünnen Kokosmürbeteig und werden mit Kokossahne übergossen.

Mango-Zucchini-Kuchen
mit Kokosguss

FÜR 1 BACKBLECH (30 x 40 cm)

ZUBEREITUNG: ca. 30 Min.
KÜHLEN: ca. 30 Min.
BACKEN: ca. 40 Min.
PRO STÜCK (bei 20): ca. 240 kcal

Für den Teig:
300 g Weizenmehl (Type 550)
100 g Kokosraspel
75 g (Roh-)Rohrzucker
1 Prise Salz
2 Eier (M)
100 g saure Sahne
100 g Joghurt-Butter
Mehl zum Arbeiten
Backpapier und Hülsenfrüchte (ca. 500 g) zum Blindbacken
Für den Belag:
1 Mango (ca. 750 g, nicht zu reif)
300 g kleine Zucchini
4 EL Limettensaft
4 EL flüssiger Honig
200 ml ungesüßte Kokosmilch
100 g Sahne
2 EL (Roh-)Rohrzucker
1 EL pflanzliches Bindemittel (z. B. Biobin)
3 Eier (M)
5 EL Kokoschips

1. Für den Teig Mehl und Kokosraspel mit dem Rohrzucker, Salz, Eiern, saurer Sahne und der Butter in Flöckchen in eine Schüssel geben und mit den Knethaken des Handrührgeräts zu Bröseln verarbeiten. Dann auf der Arbeitsfläche mit den Händen rasch zu einem glatten Teig verkneten. Zur Kugel formen und ca. 30 Min. in den Kühlschrank legen.

2. Für den Belag die Mango schälen, das Fleisch vom Stein schneiden und in dünne Scheiben schneiden. Die Zucchini waschen, putzen, längs halbieren und schräg in dünne Scheiben schneiden. Die Mango und Zucchini mit dem Limettensaft und Honig beträufeln und vorsichtig vermischen, abdecken und marinieren lassen, bis sie gebraucht werden.

3. Dann den Backofen auf 200° (Umluft 180°) vorheizen. Ein Backblech mit Backpapier auslegen. Den Teig auf der mit Mehl bestäubten Arbeitsfläche möglichst dünn rechteckig ausrollen, das Blech damit auskleiden, dabei einen Rand formen. Teig mit einer Gabel mehrmals einstechen, mit Backpapier und Hülsenfrüchten belegen. Im Ofen (Mitte) 15 Min. vorbacken. Herausnehmen, Papier und Hülsenfrüchte entfernen.

4. Die Mango- und Zucchinischeiben in einem Sieb abtropfen lassen, die Marinierflüssigkeit auffangen. Mango und Zucchini auf dem vorgebackenen Kuchenboden verteilen.

5. Für den Guss die Kokosmilch mit Sahne, Rohrzucker, 4 EL Marinierflüssigkeit, Bindemittel und Eiern verquirlen, über die Früchte gießen. Mit den Kokoschips bestreuen. Im Ofen bei 180° (Mitte, Umluft 160°) in 20–25 Min. fertig backen.

Erfrischend, schnell gemacht und gut zum Mitnehmen – ein Blechkuchen, der bei Festen im Freien richtig Spaß macht!

Zitronen-Joghurt-Kuchen
mit Basilikumzucker

FÜR 1 BACKBLECH (30 x 40 cm)

ZUBEREITUNG: ca. 30 Min.
BACKEN: ca. 30 Min.
PRO STÜCK (bei 20): ca. 130 kcal

1 Bio-Zitrone
2 Stängel Basilikum
150 g (Roh-)Rohrzucker
100 ml Sonnenblumenöl
2 Eier (M)
¼ TL Fleur de Sel
250 g Naturjoghurt
150 g Weizenmehl (Type 550)
1 TL Backpulver
50 g Speisestärke
2 EL Lemon Curd (aus dem Glas)

1. Den Backofen auf 180° (Umluft 160°) vorheizen. Das Backblech mit Backpapier auslegen. Die Zitrone heiß waschen und abtrocknen, die Schale fein abreiben, 1 EL Saft auspressen. Die Basilikumblättchen von den Stängeln zupfen und in Streifen schneiden, mit 75 g Rohrzucker in einem Mörser zerreiben.

2. Übrigen Zucker mit Öl, Eiern, Fleur de Sel und Zitronenschale mit den Quirlen des Handrührgeräts glatt verrühren. Joghurt und die Hälfte des Basilikumzuckers unterrühren. Mehl, Backpulver und Speisestärke vermischen und ebenfalls unterrühren. Teig auf das Backblech geben und glatt streichen. Im Ofen (Mitte) ca. 30 Min. backen.

3. Den Kuchen aus dem Ofen nehmen. Lemon Curd mit dem Zitronensaft verrühren und den noch warmen Kuchen damit bestreichen, mit übrigem Basilikumzucker bestreuen. Auf dem Blech auf einem Kuchengitter auskühlen lassen.

Variante: Joghurt-Grieß-Kuchen

4 Eiweiße (M) und 1 Prise Salz steif schlagen. 4 Eigelbe (M) mit 400 g griechischem Naturjoghurt und 150 g (Roh-)Rohrzucker verrühren. 300 g Hartweizengrieß und 1 TL Backpulver vermischen, mit 150 g flüssiger Butter unter die Eigelbmasse rühren, den Eischnee unterheben. Den Teig auf dem Blech verstreichen. Wie oben beschrieben im Ofen 30 Min. backen. 150 g Honig mit dem Saft von 1 Zitrone unter Rühren erhitzen, den warmen Kuchen damit bestreichen. 1 EL (Roh-)Rohrzucker mit der fein abgeriebenen Schale von 1 Bio-Zitrone vermischen und aufstreuen. Kuchen leicht abgekühlt in Stücke schneiden. Nach Belieben mit Puderzucker bestäuben.

Vielleicht etwas ungewöhnlich kombiniert, doch dieser Kuchen ist ein Hit. Birnen, Salbei und Käse harmonieren wirklich ausgezeichnet miteinander.

Birnen-Salbei-Kuchen
mit Bergkäse

FÜR 1 BACKBLECH (30 x 40 cm)

ZUBEREITUNG: ca. 1 Std.
BACKEN: ca. 50 Min.
PRO STÜCK (bei 20): ca. 270 kcal

Für den Teig:
500 g Dinkelmehl (Type 630)
1 Prise Salz
180 g (Roh-)Rohrzucker
3 Eier (M)
150 ml Sonnenblumenöl
Mehl zum Arbeiten
Für den Belag:
1 kg Birnen
75 g (Roh-)Rohrzucker
6 Salbeiblättchen
150 g frisch geriebener Bergkäse
2 EL Birnengelee (ersatzweise Apfel- oder Quittengelee)

1. Für den Teig Mehl, Salz und Rohrzucker auf die Arbeitsfläche geben. In die Mitte eine Mulde drücken und Eier und Öl hineingeben. Alles mit den Händen rasch zu einem glatten Teig verkneten, dabei bei Bedarf noch 1–2 EL Wasser dazugeben. Den Teig zugedeckt für ca. 30 Min. in den Kühlschrank legen.

2. Inzwischen für den Belag die Birnen vierteln, schälen und entkernen. Birnenviertel quer in dünne Scheiben schneiden. 150 ml Wasser mit Rohrzucker und Salbeiblättchen aufkochen und 2 Min. bei mittlerer Hitze kochen lassen. Die Birnen dazugeben und zugedeckt in 6–8 Min. weich garen, Salbeiblättchen entfernen. Die Birnen mit einem Pürierstab fein zerkleinern, den Bergkäse unterrühren.

3. Den Backofen auf 180° vorheizen. Zwei Drittel des Teiges auf einem Stück Backpapier in Größe des Backblechs dünn ausrollen, dabei zwischendurch mit Mehl bestäuben. Den Teig samt Papier aufs Blech ziehen, rundherum aus dem Teig einen kleinen Rand formen. Birnenpüree auf dem Teig verteilen.

4. Den übrigen Teig ebenfalls dünn ausrollen und mit einem Messer oder Teigrädchen in ca. 1 cm breite Streifen schneiden. Die Streifen gitterförmig auf den vorbereiteten Kuchen legen.

5. Das Birnengelee in einem kleinen Topf leicht erwärmen und das Teiggitter damit bestreichen. Den Kuchen im Ofen (Mitte, Umluft 160°) 45–50 Min. backen. Dann herausnehmen und auf dem Blech auf einem Kuchengitter auskühlen lassen.

Tipp

Den Birnen-Salbei-Kuchen kann man sehr gut bereits am Vortag zubereiten. Er hält sich mindestens 2 Tage frisch.

Süßes Kaffeetisch-Vergnügen der neuen Art: Zarter Hefeteig wird mit Rhabarber, Vanillecreme, Mandelblättchen – und mit Mozzarella – gebacken. Schmeckt frisch am besten.

Rhabarber-Beeren-Pizza

FÜR 1 BACKBLECH (30 x 40 cm)

ZUBEREITUNG: ca. 45 Min.
RUHEN: ca. 1 Std. 15 Min.
BACKEN: ca. 15 Min.
PRO STÜCK (bei 20): ca. 245 kcal

Für den Teig:
¼ l Milch | 1 Prise Salz
400 g Dinkelmehl (Type 630)
½ Würfel Hefe (ca. 20 g)
50 g flüssiger Honig
1 Ei (M) | 4 EL Rapsöl
1 TL fein abgeriebene Bio-Zitronenschale
Mehl zum Arbeiten
Für den Belag:
500 g Rhabarber
120 g (Roh-)Rohrzucker
300 g gemischte Beeren (z. B. Himbeeren, Erdbeeren, Brombeeren)
200 g Crème fraîche
2 Eigelbe (M)
2 Pck. Bourbon-Vanillezucker
1 TL pflanzliches Bindemittel (z. B. Biobin)
250 g Mozzarella
75 g Mandelblättchen
1 TL gemahlener Zimt

1. Für den Teig Milch und Salz lauwarm erhitzen. Das Mehl in eine große Schüssel geben, in die Mitte eine Mulde drücken. Hefe in die Mulde bröckeln, 5 EL Milch darübergießen, Honig hinzufügen. Die Hefe mit Milch, Honig und 2–3 EL Mehl vom Rand verrühren. Vorteig mit Mehl bestäuben, mit einem Tuch abdecken und an einem warmen Ort ca. 15 Min. gehen lassen.

2. Dann Ei, Öl, Zitronenschale und übrige Milch dazugeben. Alles mit den Knethaken des Handrührgeräts zu einem glatten Hefeteig verkneten. Auf der mit Mehl bestäubten Arbeitsfläche kräftig durchkneten. Den Teig zur Kugel formen, wieder in die Schüssel geben und zugedeckt ca. 1 Std. gehen lassen, bis er sein Volumen verdoppelt hat.

3. Für den Belag den Rhabarber waschen, putzen und schräg in 2 cm breite Stücke schneiden. Mit 60 g Rohrzucker mischen. Die Beeren putzen, Erdbeeren abbrausen und vierteln. Die Crème fraîche mit den Eigelben, dem Vanillezucker und dem Bindemittel glatt verrühren.

4. Den Backofen auf 220° (Umluft 200°) vorheizen. Backblech mit Backpapier auslegen. Hefeteig auf der bemehlten Fläche nochmals gut durchkneten und möglichst dünn rechteckig ausrollen. Das Blech mit dem Teig auskleiden, dabei einen Rand formen. Die Vanillecreme auf den Teig streichen, Rhabarber und Beeren darauf verteilen.

5. Den Mozzarella in kleine Würfel schneiden und auf der Obst-Pizza verteilen, die Mandelblättchen darüberstreuen. Den restlichen Zucker mit dem Zimt vermischen und damit die Pizza bestreuen. Im Ofen (unten) ca. 15 Min. backen (bei Umluft: 12-15 Min.). Herausnehmen und lauwarm abkühlen lassen, in Stücke schneiden und servieren.

Wunderbar auch als süße Mahlzeit für die ganze Familie: ein großes Blech voll mit fruchtigem »Grießbrei aus dem Ofen«.

Vanille-Maisgrieß-Kuchen
mit Kirschen

FÜR 1 BACKBLECH (30 x 40 cm)

ZUBEREITUNG: ca. 50 Min.
ZIEHEN: ca. 10 Min.
BACKEN: ca. 30 Min.
PRO STÜCK (bei 20): ca. 180 kcal

1 Glas Sauerkirschen (Abtropfgewicht 370 g)
2 EL Agavendicksaft
1 TL gemahlener Zimt
1 Vanilleschote
3 grüne Kardamomkapseln
1 kräftige Prise gemahlene Muskatblüte
1 l Milch (3,5 % Fett)
100 g (Roh-)Rohrzucker
200 g Instant-Maisgrieß (Polenta)
1 Pck. Vanillepuddingpulver (zum Kochen)
4 Eier (M)
1 Prise Salz
1 rechteckig ausgerollter Blätterteig (ca. 30 x 40 cm, 275 g, Kühlregal)
1 Pck. Vanillezucker

1. Die Sauerkirschen in ein Sieb gießen und kurz abtropfen lassen, dabei 50 ml Saft auffangen. Die Kirschen und den Saft mit einem Pürierstab fein zerkleinern. Kirschpüree mit Agavendicksaft und ½ TL Zimt in einen Topf geben, aufkochen und bei mittlerer Hitze 2–3 Min. kochen, dann abkühlen lassen.

2. Die Vanilleschote längs aufschlitzen und das Mark herauskratzen. Schote und Mark mit Kardamom, Muskat und Milch (ca. 100 ml zurückbehalten) in einen Topf geben. Gewürze bei geringer Hitze in der Milch ca. 10 Min. ziehen lassen.

3. Dann die Vanilleschote und die Kardamomkaspeln aus der Milch nehmen. Gewürzemilch mit 80 g Rohrzucker aufkochen, Maisgrieß einrieseln lassen und alles unter Rühren nochmals aufkochen. Puddingpulver mit der zurückbehaltenen Milch glatt verrühren und unter die Grießmasse mischen, ca. 5 Min. bei mittlerer Hitze weiter durchrühren. Den Grießbrei in eine große Schüssel umfüllen und kurz abkühlen lassen.

4. Die Eier trennen. Eiweiße und Salz mit den Quirlen des Handrührgeräts steif schlagen. Eigelbe unter die Grießmasse rühren, den Eischnee unterheben.

5. Den Backofen auf 180° (Umluft 160°) vorheizen. Das Backblech mit Backpapier auslegen. Den Blätterteig auf das Blech legen und mit dem Kirschpüree bestreichen. Die Grießmasse darauf verteilen und glatt streichen, den übrigen Rohrzucker daraufstreuen. Im Ofen (Mitte) ca. 30 Min. backen. Herausnehmen, restlichen Zimt mit Vanillezucker vermischen und über den Kuchen streuen. Den Vanille-Maißgrieß-Kuchen heiß, lauwarm oder ganz ausgekühlt servieren.

Mit Zimt, Nelken und Rum verfeinertes Zwetschgenpüree liefert in saftigem Haselnussteig Würze und Frucht für gemütliche Momente. Die Krönung: die Limetten-Quark-Sahne obendrauf.

Zwetschgenmusschnitten

FÜR 1 BACKBLECH (30 x 40 cm)

ZUBEREITUNG: ca. 45 Min.
BACKEN: ca. 25 Min.
PRO STÜCK (bei 20): ca. 250 kcal

Für den Teig:
1 Bio-Zitrone
250 g Zwetschgenmus
1 TL gemahlener Zimt
¼ TL gemahlene Nelken
2 EL Rum (ersatzweise Orangensaft)
⅛ l Rapsöl
75 g weiche Butter
150 g Zuckerrübensirup
4 Eier (M)
200 g Weizenvollkornmehl
100 g gemahlene Haselnüsse
2 TL Backpulver
Für die Garnitur:
10 Zwetschgen (ersatzweise 5 rote oder gelbe Pflaumen)
1 Bio-Limette
250 g Magerquark
50 g brauner Zucker
100 g Sahne
Außerdem:
Spritzbeutel mit großer Sterntülle

1. Den Backofen auf 200° (Umluft 180°) vorheizen. Ein Backblech mit Backpapier auslegen. Für den Teig die Zitrone heiß waschen und abtrocknen, die Schale fein abreiben, 4 EL Saft auspressen. Beides mit Zwetschgenmus, Gewürzen und Rum vermischen. Öl, Butter und Zuckerrübensirup mit den Quirlen des Handrührgeräts gründlich verrühren, Eier nacheinander unterschlagen. Mehl mit Nüssen und Backpulver vermischen, mit dem Zwetschgenmus unter die Eiermasse rühren.

2. Den Teig gleichmäßig auf das Backblech streichen. Im Ofen (unten) ca. 25 Min. backen. Herausnehmen und auf dem Blech auf einem Kuchengitter auskühlen lassen, dann den Kuchen in Stücke (ca. 5 x 8 cm) schneiden.

3. Für die Garnitur Zwetschgen waschen, vierteln, entsteinen und in hauchdünne Spalten schneiden. Limette heiß waschen und abtrocknen, die Schale fein abreiben, 1 EL Saft auspressen und beides mit Quark und Zucker verrühren. Die Sahne steif schlagen und unterheben. Die Masse in den Spritzbeutel füllen und auf jedes Kuchenstück eine Rosette spritzen. Mit den Zwetschgen hübsch verzieren.

Variante: Apfelmuskuchen

5 Eier (M) mit 150 g (Roh-)Rohrzucker und 100 g Apfeldicksaft dickcremig schlagen. 375 g Dinkelvollkornmehl, 1 Pck. Vanillepuddingpulver (zum Kochen) und 2 TL Backpulver vermischen. Mit ¼ l Milch und ⅛ l Rapsöl unter die Creme rühren. Teig gleichmäßig auf ein mit Backpapier ausgelegtes Backblech streichen. 600 g Apfelmus mit einem Esslöffel in Klecksen auf dem Teig verteilen. Im 200° heißen Backofen (unten, Umluft 180°) 15–20 Min. backen. Auskühlen lassen und in Stücke schneiden.

Entdecken Sie die schönste Art, der kalten Jahreszeit Paroli zu bieten. Rote Bete gibt bei diesem Kuchen auf süße Art den Ton an – sowohl im Teig als auch im Schmandguss darüber.

Rote-Bete-Kuchen
mit Schmand

FÜR 1 BACKBLECH (30 x 40 cm)

ZUBEREITUNG: ca. 1 Std.
BACKEN: ca. 40 Min.
PRO STÜCK (bei 24): ca. 245 kcal

400 g Rote Beten
1 Bio-Orange
1 Bio-Zitrone
250 g (Roh-)Rohrzucker
1 Stück Ingwer (ca. 3 cm)
30 g Vollkornkekse
6 Eier (M)
300 g gemahlene Mandeln
100 g Weizenmehl (Type 1050)
800 g Schmand
2 Pck. Vanillezucker
1 EL pflanzliches Bindemittel (z. B. Biobin)

1. Die Roten Beten schälen und fein raspeln (dabei am besten Einweghandschuhe tragen, da die Knollen stark färben). Rote Beten in ein Sieb geben und mit einem Löffel ausdrücken, den ablaufenden Saft (ca. 100 ml) auffangen.

2. Orange und Zitrone heiß waschen und abtrocknen, Schalen fein abreiben, Saft der Orange auspressen (ca. ⅛ l). Rote-Bete- und Orangensaft in einem kleinen Topf mit 3 EL Rohrzucker verrühren und bei starker Hitze in 5–7 Min. auf die Hälfte einkochen lassen. Dann vom Herd nehmen und abkühlen lassen.

3. Inzwischen den Ingwer schälen und fein reiben. Die Vollkornkekse in einen Gefrierbeutel geben und mit einem Nudelholz so lange darüberrollen, bis feine Brösel entstanden sind. Backofen auf 180° (Umluft 160°) vorheizen. Ein Backblech mit Backpapier auslegen. 5 Eier trennen.

4. Eiweiße mit den Quirlen des Handrührgeräts steif schlagen, dabei nach und nach 100 g Rohrzucker einrieseln lassen und weiterschlagen, bis ein cremig-fester Eischnee entstanden ist. Eigelbe mit 70 g Zucker und Orangenschale in 5 Min. dicklich-cremig schlagen, Rote Beten und Ingwer unterrühren. Dann abwechselnd Eischnee, Mandeln, Keksbrösel und Mehl unter die Masse heben. Den Teig auf dem Blech verteilen und glatt streichen. Im Ofen (unten) 25 Min. vorbacken.

5. Schmand mit übrigem Rohrzucker, Vanillezucker, Zitronenschale, restlichem Ei und Bindemittel verrühren. Guss auf den Kuchenboden streichen, mit eingekochtem Saft beträufeln und mit einem Löffelstiel leicht marmorieren. Den Kuchen weitere 10–15 Min. backen. Herausnehmen, auf dem Blech auf einem Kuchengitter auskühlen lassen. Am besten sofort essen.

Hier erleben Sie süße Glücksgefühle in kleinen Portionen. Dazu am besten frische Himbeeren oder einen Orangensalat anbieten.

Espressoschnitten
mit Auberginen

FÜR 1 BACKBLECH (30 x 40 cm)

ZUBEREITUNG: ca. 30 Min.
BACKEN: ca. 1 Std.
PRO STÜCK (bei 20): ca. 125 kcal

2 Auberginen (ca. 400 g)
1 EL geschmacksneutrales Öl
3 Pck. Instant-Espressopulver
200 g Zartbitterschokolade
4 Eier (M)
1 Prise Salz
1 Prise gemahlene Nelken
2 EL Mandelmus
100 g Buchweizenmehl
75 g Puderzucker
1 EL Kaffeelikör (nach Belieben)
2 EL Espressobohnen
2 EL (Roh-)Rohrzucker

1. Den Backofen auf 200° (Umluft 180°) vorheizen. Die Auberginen waschen, putzen und längs halbieren. Auberginenhälften mit Öl bestreichen und jede Hälfte in Alufolie einwickeln. Im Ofen (Mitte) in ca. 30 Min. weich garen. Herausnehmen, aus der Folie wickeln und abkühlen lassen, dann klein würfeln und in einem Mixer oder mit einem Pürierstab fein zerkleinern.

2. Den Backofen auf 180° (Umluft 160°) zurückschalten. Ein Backblech mit Backpapier auslegen. Aus 2 Pck. Espressopulver nach Packungsanweisung 200 ml Espresso zubereiten.

3. Die Schokolade in kleine Stücke brechen und in 100 ml heißem Espresso schmelzen lassen. Die Eier trennen. Eiweiße, Salz und gemahlene Nelken mit den Quirlen des Handrührgeräts steif schlagen. Eigelbe mit Auberginenpüree, geschmolzener Espressoschokolade und Mandelmus glatt verrühren. Eischnee, Buchweizenmehl und übriges Espressopulver unterheben. Espressomasse auf das Blech geben und glatt streichen. Im Ofen (Mitte) ca. 30 Min. backen. Dann herausnehmen und auf dem Blech auf einem Kuchengitter auskühlen lassen.

4. Für den Guss restlichen Espresso mit dem Puderzucker und eventuell Kaffeelikör in einem kleinen Topf unter Rühren aufkochen und bei mittlerer Hitze in 3–4 Min. sirupartig einkochen lassen. Den Kuchen damit bestreichen. Espressobohnen und Rohrzucker in einem elektrischen Blitzhacker oder einem Mörser nicht zu fein zerkleinern und auf den Kuchen streuen.

Saftige Stücke für die Tea-Time: kandierte und getrocknete Früchte, in Orangensaft und Rooibos-Tee mariniert, dazu Macadamia- und Pekannüsse – das macht den Kuchen gehaltvoll.

Früchtekuchen
mit Vanille-Rooibos-Aroma

FÜR 1 BACKBLECH (30 x 40 cm)

ZUBEREITUNG: ca. 45 Min.
MARINIEREN: ca. 12 Std.
BACKEN: ca. 45 Min.
PRO STÜCK (bei 24): ca. 300 kcal

Für den Teig:
150 g kandierte Früchte (z. B. Ingwer, Orangen, Zitronen)
500 g Früchtemix (getrocknet und gewürfelt; z. B. Äpfel, Datteln, Feigen, Aprikosen, Pflaumen)
100 g Macadamianüsse
100 g Pekannüsse
5 EL Vanille-Rooibos-Teeblätter
⅛ l Orangensaft
2 Eier (M)
150 g (Roh-)Rohrzucker
500 g Weizenvollkornmehl
1 Pck. Backpulver
2 TL gemahlene Vanille
1 EL Kakaopulver
1 Prise Salz
Für die Garnitur:
200 g Orangenmarmelade
150 g weiße Kuvertüre
150 g kandierte Orangenscheiben

1. Für den Teig die kandierten Früchte klein würfeln und mit dem Früchtemix und den Macadamianüssen in eine Schüssel geben. Die Pekannüsse grob hacken, ebenfalls hinzufügen. Die Teeblätter mit 600 ml kochend heißem Wasser übergießen und 3 Min. ziehen lassen, dann durch ein Sieb gießen und den Tee auffangen. ½ l abmessen und sofort mit dem Orangensaft über die Früchtemischung gießen. Abgedeckt ca. 12 Std. (am besten über Nacht) bei Zimmertemperatur marinieren lassen.

2. Am nächsten Tag den Backofen auf 180° vorheizen. Ein Backblech mit Backpapier auslegen. Eier mit dem Rohrzucker unter die Tee-Früchte-Mischung rühren. Mehl mit Backpulver, Vanille, Kakaopulver und Salz mischen. Nach und nach mit den Knethaken des Handrührgeräts unter die Fruchtmasse kneten. Den Teig auf das Blech geben und glatt streichen. Im Ofen (unten, Umluft 160°) ca. 45 Min. backen.

3. Das Blech aus dem Ofen nehmen, auf ein Kuchengitter stellen und den Kuchen ca. 5 Min. abkühlen lassen. Dann den Kuchen mehrmals mit einem Holzstäbchen einstechen und sofort mit dem übrigen Tee beträufeln.

4. Für die Garnitur die Marmelade erwärmen und den noch warmen Kuchen dünn damit bestreichen. Den Kuchen auf dem Blech in gleich große Dreiecke oder Quadrate schneiden. Vollständig auskühlen lassen.

5. Kuvertüre hacken, in eine kleine (Metall-)Schüssel geben und über einem heißen Wasserbad schmelzen lassen. Mit dem Löffel in dünnen Linien graffitiartig über den Kuchen laufen lassen. Kandierte Orangenscheiben in feine Streifen schneiden und daraufstreuen. Die Kuvertüre fest werden lassen.

Süße Ananas und feurigscharfe Peperoni gehen mit aromatischen Paranüssen eine harmonische Liaison ein – dieser Kuchen macht garantiert auf jeder Kaffeetafel Eindruck!

Ananaskuchen mit Peperoni

FÜR 1 TIEFES BACKBLECH
(30 x 40 cm)

ZUBEREITUNG: ca. 45 Min.
BACKEN: ca. 45 Min.
PRO STÜCK (bei 20): ca. 355 kcal

Für den Teig:
200 g Paranüsse
400 g Dinkelmehl (Type 630)
3 TL Backpulver
200 ml geschmacksneutrales Öl
50 g weiche Butter
150 g (Roh-)Rohrzucker
6 cl Rum (ersatzweise Ananassaft)
1 Prise Salz
6 Eier (M)
Für den Belag:
1 kleine Ananas (ca. 1,2 kg)
2–3 rote Peperoni
50 g (Roh-)Rohrzucker
1 TL gemahlener Ingwer
150 g Ananaskonfitüre

1. Den Backofen auf 180° vorheizen. Ein tiefes Backblech mit Backpapier auslegen. Für den Teig die Paranüsse in einem elektrischen Bitzhacker fein mahlen. Mit Mehl und Backpulver vermischen.

2. Öl mit Butter, Rohrzucker, Rum und Salz mit den Quirlen des Handrührgeräts cremig schlagen. Die Eier nacheinander unterrühren. Die Mehl-Nuss-Mischung dazugeben und ebenfalls unterrühren. Teig auf dem Blech verteilen, glatt streichen.

3. Für den Belag die beiden Enden der Ananas großzügig abschneiden. Ananas schälen, dabei auch die »Augen« entfernen. Die Frucht in 12 Scheiben von knapp 1 cm Dicke schneiden. Bei jeder Scheibe den Strunk mit einer Lochtülle oder einem Ringausstecher ausstechen. Die Ananasringe nebeneinander leicht in den Teig drücken. Den Kuchen im Ofen (unten, Umluft 160°) 40–45 Min. backen.

4. Inzwischen Peperoni entstielen, waschen, längs halbieren, Kerne und Trennwände entfernen. Die Peperoni in sehr feine Streifen schneiden, mit Rohrzucker und Ingwer mischen. Nach ca. 15 Min. Backzeit über die Ananas streuen und den Kuchen in 25–30 Min. fertig backen.

5. Das Blech aus dem Ofen nehmen und auf ein Kuchengitter stellen. Die Ananaskonfitüre in einem kleinen Topf kurz aufkochen und den noch heißen Kuchen damit bestreichen. Den Kuchen vollständig auskühlen lassen. Dazu schmeckt halb steif geschlagene Sahne.

Linzer
177

Dieser Kuchen vom Blech macht zwar ein bisschen Arbeit, überzeugt aber dann wahrlich im Geschmack.

Rote-Bete-Quitten-Linzer

FÜR 1 BACKBLECH (30 x 40 cm)

ZUBEREITUNG: ca. 1 Std. 15 Min.
BACKEN: ca. 35 Min.
PRO STÜCK (bei 20): ca. 325 kcal

Für den Teig:
¼ l Sonnenblumenöl
200 g (Roh-)Rohrzucker
2 Eier (M)
2 Eigelbe (M)
2 TL Kakaopulver
½ TL gemahlener Zimt
⅓ TL gemahlene Nelken
1 Prise Salz
200 g gemahlene Mandeln
350 g Vollkornweizenmehl
Mehl zum Arbeiten
Für den Belag:
1 kg Quitten
750 g Rote Beten
300 ml Birnensaft
3 EL Ahornsirup (ersatzweise flüssiger Honig)
1 Zimtstange
2 Sternanise
3 EL Quittengelee (ersatzweise Apfel- oder Birnengelee)

1. Für den Teig Öl mit Rohrzucker, Eiern und Eigelben mit den Quirlen des Handrührgeräts glatt verrühren. Kakaopulver mit Zimt, Nelken und Salz mischen und mit den Mandeln unter die Eiermasse rühren. Mehl dazugeben und mit den Händen unterkneten. Teig in Klarsichtfolie wickeln, 45 Min. kalt stellen.

2. Inzwischen für den Belag Quitten mit einem Tuch abreiben, waschen, vierteln, schälen und entkernen. Quittenviertel quer in dünne Scheiben schneiden. Rote Beten vierteln, schälen und ebenfalls quer in dünne Scheiben schneiden. Den Birnensaft mit Ahornsirup, Zimtstange und Sternanisen aufkochen. Die Quitten und die Roten Beten dazugeben und in ca. 30 Min. bei mittlerer Hitze weich garen, dabei ab und zu umrühren. Dann die Gewürze entfernen, 2 EL Quittengelee unterrühren.

3. Den Backofen auf 180° vorheizen. Ein Backblech mit Backpapier auslegen. Drei Viertel des Teiges auf der mit Mehl bestäubten Arbeitsfläche möglichst dünn rechteckig ausrollen, auf das Blech legen. Quitten und Rote Beten darauf verteilen. Restlichen Teig dünn ausrollen, kleine Blätter ausstechen und den Rand und die Oberfläche des Kuchens damit verzieren. Übriges Quittengelee erwärmen, die Blätter damit bestreichen.

4. Den Kuchen im Ofen (Mitte, Umluft 160°) ca. 35 Min. backen. Herausnehmen und auf dem Blech auf einem Kuchengitter auskühlen lassen.

Deko-Variante

Kuchen wie beschrieben vor- und zubereiten, aber statt mit Blättern mit 1 cm breiten Teigstreifen verzieren. Dafür die Streifen von der Mitte aus strahlenförmig auf den Kuchen legen. Den Rand mit Teigstreifen belegen, leicht andrücken.

Die Sonne geht auf, wenn sich aromatische Aprikosen und sonnenverwöhnte Tomaten auf einem karamellisierten Quark-Öl-Teig aufs Feinste verbinden.

Aprikosen-Tomaten-Kuchen

FÜR 1 BACKBLECH (30 x 40 cm)

ZUBEREITUNG: ca. 1 Std.
BACKEN: ca. 45 Min.
PRO STÜCK (bei 20): ca. 355 kcal

Für den Teig:
150 g (Roh-)Rohrzucker
50 g Butter
200 ml Milch
300 g Magerquark
200 ml geschmacksneutrales Öl
4 Eier (M)
1 Prise Salz
600 g Weizenmehl (Type 1050)
1 Pck. Backpulver
100 g Mandelstifte
Für den Belag und die Garnitur:
1 kg kleine Aprikosen
300 g kleine, feste Eier-Strauchtomaten
50 g Mandelstifte
100 g flüssiger Honig
50 g (Roh-)Rohrzucker
Puderzucker zum Bestäuben (nach Belieben)

1. Für den Teig 100 g Rohrzucker in einem Topf bei mittlerer Hitze goldbraun karamellisieren. Die Butter darin schmelzen, Milch dazugießen und alles unter Rühren kochen lassen, bis der Karamell gelöst ist. Abkühlen lassen.

2. Inzwischen für den Belag die Aprikosen waschen, halbieren und entsteinen Die Tomaten waschen, von den Stielansätzen befreien und längs halbieren.

3. Quark mit Karamellmilch, Öl, Eiern, Salz und restlichem Rohrzucker mit einem Schneebesen zu einer glatten Masse verrühren. Das Mehl mit dem Backpulver mischen und auf die Quarkmasse sieben, kurz mit den Knethaken des Handrührgeräts unterkneten.

4. Backofen auf 180° vorheizen. Ein Backblech mit Backpapier auslegen. Den Boden des Blechs mit Mandelstiften bestreuen, den Teig daraufgeben, glatt streichen. Aprikosen und Tomaten mit den Schnittflächen nach unten in den Teig drücken.

5. Den Kuchen im Ofen (unten, Umluft 160°) 30 Min. backen. Dann den Belag mit Mandelstiften bestreuen und den Kuchen in weiteren 15 Min. fertig backen. Falls der Kuchen zu dunkel wird, mit Backpapier abdecken.

6. Den Kuchen aus dem Ofen nehmen und auf dem Blech auf einem Kuchengitter ca. 10 Min. abkühlen lassen. Honig und Rohrzucker unter Rühren erhitzen, den noch warmen Kuchen damit beträufeln, auskühlen lassen und in Stücke schneiden. Nach Belieben mit Puderzucker bestäuben.

Tipp

Anstatt der frischen Aprikosen können Sie ersatzweise Dosenaprikosen verwenden (2 Dosen, je 480 g Abtropfgewicht).

Die Wildrosenfrucht, unsere Hagebutte, liefert viel Vitamin C, schmeckt einzigartig und versteht sich zudem ausgezeichnet mit Nüssen und Sesam. Hier das Ergebnis.

Hagebuttenkuchen
mit Nuss-Sesam-Streuseln

FÜR 1 BACKBLECH (30 x 40 cm)

ZUBEREITUNG: ca. 40 Min.
RUHEN: ca. 45 Min.
BACKEN: ca. 30 Min.
PRO STÜCK (bei 20): ca. 235 kcal

Für den Teig:
¼ l Milch
400 g Weizenvollkornmehl
¾ Würfel Hefe (ca. 30 g)
1 TL Zucker
50 ml Birnendicksaft
50 ml Rapsöl
1 Prise Salz
Mehl zum Arbeiten
Für den Belag:
1 Bio-Orange
400 g Hagebuttenmark
Für die Streusel:
1 Eigelb (M)
75 ml Haselnussöl
50 g flüssiger Honig
100 g gehackte Haselnüsse
30 g Sesamsamen
200 g Weizenvollkornmehl

1. Für den Teig die Milch lauwarm erhitzen. Das Mehl in eine große Schüssel geben, in die Mitte eine Mulde drücken. Die Hefe zerbröckeln, mit 2 EL Milch verrühren und in die Mulde gießen. Den Zucker über die Hefemilch streuen und diese mit etwas Mehl vom Rand bestäuben. Den Vorteig zugedeckt an einem warmen Ort ca. 15 Min. gehen lassen.

2. Dann übrige Milch, Birnendicksaft, Rapsöl und Salz zum Mehl in die Schüssel geben. Alles mit den Knethaken des Handrührgeräts zu einem glatten Teig verarbeiten. Zugedeckt ca. 30 Min. gehen lassen.

3. Den Backofen auf 180° (Umluft 160°) vorheizen. Ein Backblech mit Backpapier auslegen. Den Teig auf der mit Mehl bestäubten Arbeitsfläche nochmals durchkneten und direkt auf dem Blech ausrollen. Mit einem Küchentuch bedecken.

4. Für den Belag die Orange heiß waschen und abtrocknen, die Schale fein abreiben, den Saft auspressen. Beides mit Hagebuttenmark verrühren und auf dem Hefeteigboden verteilen.

5. Für die Streusel Eigelb, Öl und Honig mit den Quirlen des Handrührgeräts glatt verrühren. Nüsse, Sesam und Mehl dazugeben und alles zu Streuseln verarbeiten. Die Streusel auf dem Kuchen verteilen. Im Ofen (Mitte) 25–30 Min. backen. Dann herausnehmen und den Kuchen auf dem Blech auf einem Kuchengitter auskühlen lassen.

Austausch-Tipp
Statt mit Haselnüssen können Sie die Streusel auch mit grob gehackten Walnüssen, Paranüssen oder Mandeln zubereiten.

Lebkuchengewürz gibt diesen fruchtigen Schnitten mit Tropenflair einen weihnachtlichen Touch. Mit von der Partie: Cashewnüsse, Maracujasirup und Kokosmilch.

Exotische Gewürzschnitten

FÜR 1 TIEFES BACKBLECH
(30 x 40 cm)

ZUBEREITUNG: ca. 1 Std.
BACKEN: ca. 40 Min.
KÜHLEN: ca. 2 Std.
PRO STÜCK (bei 24): ca. 335 kcal

Für den Teig:
150 g Cashewnüsse
200 g getrockneter Exoten-Mix (z. B. Ananas, Papaya, Mango, Bananen- und Kokoschips)
500 g Dinkelmehl (Type 630)
½ Pck. Backpulver
150 ml geschmacksneutrales Öl
100 g flüssiger Honig
100 ml Pfirsich-Maracuja-Sirup
100 g (Roh-)Rohrzucker
1 Prise Salz
4 Eier (M)
200 ml ungesüßte Kokosmilch
1 EL Lebkuchengewürz
Für die Garnitur:
8 Blatt weiße Gelatine
½ l Mandarinensaft
4 EL (Roh-)Rohrzucker
400 ml ungesüßte Kokosmilch
150 g getrockneter Exoten-Mix (siehe oben)
4 EL Cashewnüsse

1. Für den Teig Cashewnüsse in einer Pfanne ohne Fett goldbraun rösten, herausnehmen und abkühlen lassen, dann in einem elektrischen Blitzhacker fein mahlen. Den Exoten-Mix klein würfeln. Beides mit Mehl und Backpulver vermischen.

2. Den Backofen auf 180° vorheizen. Ein tiefes Backblech mit Backpapier auslegen. Öl, Honig, Sirup, Rohrzucker und Salz mit den Quirlen des Handrührgeräts in ca. 5 Min. cremig schlagen. Die Eier nacheinander unterrühren, dann die Kokosmilch und das Lebkuchengewürz. Mehlmischung dazugeben und alles zu einem glatten Teig verarbeiten.

3. Den Teig auf dem Blech verteilen und glatt streichen. Im Ofen (Mitte, Umluft 160°) 35–40 Min. backen. Dann herausnehmen und den Kuchen auf dem Blech auf einem Kuchengitter auskühlen lassen.

4. Für die Garnitur die Gelatine 5–10 Min. in kaltem Wasser einweichen. Den Mandarinensaft und Rohrzucker in einem Topf bei starker Hitze auf die Hälfte einkochen lassen. Vom Herd nehmen, die Kokosmilch unterrühren. Die Gelatine ausdrücken und ebenfalls unterrühren, bis sie sich aufgelöst hat. Die Mandarinen-Kokosmilch ca. 30 Min. in den Kühlschrank stellen, bis sie leicht andickt, anschließend auf den Kuchen streichen. Den Kuchen ca. 1 Std. kalt stellen.

5. Dann den Exoten-Mix in kleine Würfel schneiden. Die Cashewnüsse in einer Pfanne ohne Fett goldbraun rösten und auskühlen lassen, ganz lassen oder grob hacken. Beides gleichmäßig auf den Blechkuchen streuen. Den Kuchen nochmals ca. 30 Min. kalt stellen und die Mandarinen-Kokosmilch vollständig erstarren lassen.

Ganz ungewöhnlich, aufregend neu und immer eine Versuchung wert: Zwiebeln als Kompott mit Cranberrys und Vanille auf einen lockeren Hefeteig gebettet und mit einem Mandelbaiser getoppt.

Süßer Zwiebelkuchen mit Cranberrys

FÜR 1 BACKBLECH (30 x 40 cm)

ZUBEREITUNG: ca. 1 Std. 15 Min.
RUHEN: ca. 45 Min.
BACKEN: ca. 30 Min.
PRO STÜCK (bei 24): ca. 190 kcal

Für den Teig:
¼ l Milch
4 EL geschmacksneutrales Öl
400 g Dinkelmehl (Type 630)
1 Prise Salz
50 g Zuckerrübensirup
1 Würfel Hefe (42 g)
Mehl zum Arbeiten
Für das Kompott:
400 g rote Zwiebeln
500 g frische oder TK-Cranberrys
1 Vanilleschote
200 g brauner Zucker
100 g Rosinen
400 ml Johannisbeernektar
1 EL pflanzliches Bindemittel (z. B. Biobin)
Für das Baiser:
4 Eiweiße (M) | 2 TL Zitronensaft
100 g brauner Zucker
75 g Mandelblättchen
Außerdem:
Spritzbeutel mit Lochtülle

1. Für den Teig die Milch lauwarm erhitzen. Mit Öl, Mehl, Salz und Sirup in eine Schüssel geben, Hefe dazubröckeln. Mit den Knethaken des Handrührgeräts verarbeiten, bis sich der Teig vom Schüsselrand löst. Dann mit den Händen auf der bemehlten Arbeitsfläche in 5 Min. zu einem elastischen Teig kneten. Abgedeckt 45 Min. an einem warmen Ort gehen lassen.

2. Fürs Kompott Zwiebeln schälen und klein würfeln. Frische Cranberrys abbrausen und verlesen, TK-Cranberrys antauen lassen. Vanilleschote längs aufschlitzen und das Mark herauskratzen. Zucker in einem Topf bei mittlerer Hitze schmelzen lassen. Zwiebeln und Cranberrys darin wenden, Vanillemark und Rosinen dazugeben. Johannisbeernektar dazugießen, aufkochen und alles in ca. 10 Min. dicklich einkochen lassen.

3. Den Backofen auf 200° (Umluft 180°) vorheizen. Ein Backblech mit Backpapier auslegen. Bindemittel unter das Kompott rühren und bei geringer Hitze 2 Min. kochen lassen, bis es leicht gebunden ist. Vom Herd nehmen.

4. Den Teig nochmals durchkneten, auf Blechgröße ausrollen und das Blech damit auskleiden, dabei einen Rand formen. Das Kompott auf dem Teig verteilen. Im Ofen (Mitte) ca. 15 Min. backen. Inzwischen für das Baiser Eiweiße steif schlagen, dabei Zitronensaft dazugeben. Den Zucker einrieseln lassen und so lange weiterschlagen, bis eine feste Baisermasse entstanden ist. Die Mandelblättchen dazubröseln und unterheben.

5. Das Blech aus dem Ofen nehmen. Die Baisermasse in den Spritzbeutel füllen und als Gitter oder graffitiartig auf den Kuchen spritzen. Im Ofen bei 180° (unten, Umluft 160°) noch 12–15 Min. backen, bis das Baiser goldbraun ist.

Zwiebel

Törtchen & Teilchen

originell gefüllt und belegt

Gebäck im Miniformat, aber in puncto Aroma ganz groß: Schoko-Minze-Törtchen, Orangen-Pfeffer-Muffins oder Feigen-Sirup-Cupcakes sind nur drei Beispiele dafür, wie es auch klein ganz fein geht. Neugierig? Dann werfen Sie mal einen Blick auf die nächsten Seiten!

Diese kleinen fruchtigen Tartes glänzen nicht nur auf der Kaffeetafel, sie sind auch ein wunderbares Mitbringsel.

Mini-Quittentartes
mit Rosenwassersirup

FÜR 6 TARTEFÖRMCHEN
(je 10–11 cm Ø)

ZUBEREITUNG: ca. 40 Min.
KOCHEN: ca. 20 Min.
BACKEN: ca. 20 Min.
PRO STÜCK: ca. 360 kcal

Für den Teig:
60 ml Sonnenblumenöl
1 Ei (M)
1 Eigelb (M)
2 Pck. Vanillezucker
175 g Dinkelmehl (Type 630)
Öl für die Förmchen
Mehl zum Arbeiten
Für den Belag:
2 Quitten (je ca. 500 g, am besten sind die großen, gelben türkischen Quitten)
2 EL Zitronensaft
4 Nelken
2 Sternanise
50 g (Roh-)Rohrzucker
100 ml Orangensaft
2 EL Rosenwasser (aus der Apotheke)
2 EL Quittengelee
150 g Brombeeren

1. Die Förmchen einfetten. Für den Teig das Öl mit Ei, Eigelb und Vanillezucker mit den Quirlen des Handrührgeräts glatt verrühren. Das Mehl hinzufügen und alles mit den Händen rasch zu einem glatten Teig verkneten.

2. Den Teig sechsteln. Jede Teigportion auf der mit Mehl bestäubten Arbeitsfläche möglichst dünn rund ausrollen und die Förmchen damit auskleiden, dabei einen Rand formen. Den Teig mit einer Gabel mehrmals einstechen. Bis zum Gebrauch in den Kühlschrank stellen.

3. Für den Belag Quitten mit einem Tuch abreiben, waschen, halbieren, schälen und entkernen. Die Quittenhälften quer in dünne Scheiben schneiden. 200 ml Wasser mit Zitronensaft, Nelken, Sternanisen und Rohrzucker in einem Topf aufkochen. Die Quitten dazugeben und zugedeckt ca. 15 Min. bei mittlerer Hitze dünsten.

4. Dann die Quitten mit dem Sud in ein Sieb gießen, dabei den Sud auffangen und zurück in den Topf geben. Den Sud mit Orangensaft, Rosenwasser und Quittengelee unter Rühren aufkochen und bei starker Hitze in ca. 5 Min. sirupartig einkochen lassen. Backofen auf 180° (Umluft 160°) vorheizen.

5. Die Teigböden mit wenig Sirup bestreichen und mit den Quittenscheiben belegen. Im Ofen (Mitte) ca. 20 Min. backen.

6. Die Brombeeren verlesen, falls nötig abbrausen und putzen. Die Förmchen aus dem Ofen nehmen und auf ein Kuchengitter stellen. Die Brombeeren auf den noch warmen Quittentartes verteilen, übrigen Sirup darüberträufeln. Die Mini-Tartes lauwarm oder auch ausgekühlt genießen.

Die süßen Kleinen zeigen sich hier von ihrer frischen Seite – gekrönt mit einer Creme aus Minzeschokolade und mit Himbeeren und Physalis verziert.

Schoko-Minze-Törtchen

FÜR 6 TARTEFÖRMCHEN
(je 10–11 cm Ø oder 6 x 12 cm)

ZUBEREITUNG: ca. 45 Min.
KÜHLEN: ca. 3 Std.
BACKEN: ca. 30 Min.
PRO STÜCK: ca. 585 kcal

Für den Teig:
125 g weiche Butter
50 g (Roh-)Rohrzucker
1 Prise Salz
1 Ei (M)
225 g Weizenmehl (Type 550)
Mehl zum Arbeiten
Butter für die Förmchen
Backpapier und Hülsenfrüchte zum Blindbacken
Für den Belag und die Garnitur:
250 g Schokolade mit Pfefferminzfüllung (z. B. After eight)
4 EL Sahne
2 EL Ahornsirup
2 EL Pfefferminzsirup
1 Eigelb (M)
100 g Himbeeren
8 Physalis
einige Minzeblättchen zum Bestreuen

1. Für den Teig Butter, Zucker und Salz mit den Knethaken des Handrührgeräts glatt verrühren, zum Schluss das Ei dazugeben. Mehl und 2 EL kaltes Wasser kurz unterarbeiten, dann alles auf der mit Mehl bestäubten Arbeitsfläche rasch mit den Händen zu einem glatten Teig verkneten. Den Teig zur Kugel formen und in Folie gewickelt 1 Std. in den Kühlschrank legen.

2. Dann den Backofen auf 200° (Umluft 180°) vorheizen, die Förmchen einfetten. Den Teig auf der bemehlten Fläche dünn ausrollen und Kreise oder Rechtecke ca. 3 cm größer als die Förmchen ausschneiden. Förmchen damit auskleiden, dabei einen Rand formen, überstehende Teigränder abschneiden.

3. Den Teig mit einer Gabel mehrmals einstechen, mit Backpapier und Hülsenfrüchten belegen. Im Ofen (Mitte) 15 Min. vorbacken. Herausnehmen, Papier und Hülsenfrüchte entfernen.

4. Für den Belag Schokolade hacken, in eine kleine (Metall-) Schüssel geben und über einem heißen Wasserbad schmelzen lassen. Mit Sahne, Ahornsirup, Pfefferminzsirup und Eigelb glatt verrühren.

5. Schokocreme auf die Törtchen verteilen und glatt streichen. Wieder in den Ofen (unten) stellen, diesen sofort ausschalten. Die Törtchen ca. 15 Min. backen, bis die Schokocreme leicht andickt. Herausnehmen, die Törtchen in den Förmchen kurz abkühlen lassen, dann herauslösen und auf einem Kuchengitter auskühlen lassen. Abdecken und für mindestens 2 Std. (besser noch über Nacht) in den Kühlschrank stellen.

6. Vor dem Servieren die Himbeeren verlesen, falls nötig abbrausen. Die Physalis aus den Hülsen lösen und halbieren. Die Törtchen mit den Früchten garnieren, Minze aufstreuen.

Sie werden es kaum glauben, diese extrafruchtigen Küchlein sind völlig ohne Fett und ohne Mehl gebacken, dafür aber mit ganzen gekochten Orangen.

Orangenküchlein

FÜR 8 OFENFESTE FÖRMCHEN
(je ca. 125 ml, z. B. Gläser, Auflauf-, Tarte- oder Gugelhupfförmchen)

ZUBEREITUNG: ca. 30 Min.
KOCHEN: ca. 1 Std. 30 Min.
BACKEN: ca. 25 Min.
PRO STÜCK: ca. 420 kcal

4 Bio-Orangen
4 Eier (M)
250 g (Roh-)Rohrzucker
300 g gemahlene, gehäutete Mandeln
Fett und gemahlene Mandeln für die Förmchen

1. Die Orangen heiß waschen. 3 Orangen in einem Topf mit Wasser bedecken, aufkochen und in ca. 1 Std. 30 Min. bei mittlerer Hitze weich garen. Orangen aus dem Wasser heben und abkühlen lassen. Dann die Früchte in grobe Stücke schneiden, dabei die Kerne entfernen. Die Orangenstücke in einem Mixer oder mit einem Pürierstab fein zerkleinern.

2. Den Backofen auf 180° (Umluft 160°) vorheizen. Die Förmchen einfetten und dünn mit Mandeln einstreuen. Die Eier und 175 g Rohrzucker mit den Quirlen des Handrührgeräts cremig schlagen. Orangenpüree und Mandeln unterheben.

3. Die Mandel-Orangen-Masse in die Förmchen füllen. Im Ofen (Mitte) ca. 25 Min. backen. Herausnehmen und die Küchlein in den Förmchen auf einem Kuchengitter auskühlen lassen, dann aus den Förmchen lösen bzw. stürzen.

4. Die Schale von der übrigen Orange hauchdünn abschälen und in möglichst feine Streifen schneiden. Orangensaft auspressen, mit 100 ml Wasser und restlichem Rohrzucker in einem Topf aufkochen und bei starker Hitze in 3 Min. sirupartig einkochen lassen. Orangenschalenstreifen dazugeben und im Sirup 2 Min. ziehen lassen. Orangensirup mit den Schalenstreifen über die Orangenküchlein träufeln.

Deko-Tipp
Die Schale der übrigen Bio-Orange nur hauchdünn abschälen, nicht in Streifen schneiden, und dann wie beschrieben in dem Sirup ziehen lassen. Aus den Schalen kleine Rosetten formen und auf die Orangenküchlein setzen.

Wen wundert es, wenn diese Muffins ratzfatz »vergriffen« sind – die Zutatenkombination ist einzigartig, und der Geschmack vermittelt einen Hauch Exotik! Perfekt dazu: gesüßter Minzetee.

Ananas-Süßkartoffel-Muffins
mit Gewürzen

FÜR 1 MUFFINBLECH (12 Mulden)

ZUBEREITUNG: ca. 20 Min.
KOCHEN: ca. 15 Min.
BACKEN: ca. 25 Min.
PRO STÜCK: ca. 185 kcal

Für den Teig:
300 g Süßkartoffeln
1 kleine Dose Ananasstücke (310 g Inhalt)
¼ TL Fleur de Sel
¼ TL gemahlene Muskatblüten
4 EL gemahlener Palmzucker
100 g Weizenmehl (Type 550)
2 TL Backpulver
80 ml geschmacksneutrales Öl
2 Eier (M)
Öl oder Papierförmchen für das Blech
Für die Garnitur:
100 g cremiger Naturjoghurt
4–5 Minzeblättchen
2 EL (Roh-)Rohrzucker

1. Für den Teig Süßkartoffeln schälen und in kleine Würfel schneiden. Mit Ananasstücken und -saft in einen Topf geben und aufkochen. Fleur de Sel, Muskat und Palmzucker dazugeben und alles 12–15 Min. bei mittlerer Hitze kochen lassen, bis die Kartoffeln weich sind. Dann in einem Mixer oder mit einem Pürierstab fein zerkleinern.

2. Den Backofen auf 180° (Umluft 160°) vorheizen. Die Mulden des Muffinblechs einfetten oder Papierförmchen hineinsetzen.

3. Das Mehl mit dem Backpulver vermischen. Das Öl mit Eiern und dem Ananas-Kartoffel-Püree mit den Quirlen des Handrührgeräts glatt verrühren, die Mehlmischung zügig unterrühren. Den Teig in die Blechmulden füllen. Im Ofen (Mitte) 20–25 Min. backen. Das Blech aus dem Ofen nehmen und die Muffins darin auf einem Kuchengitter kurz abkühlen lassen, dann herauslösen und auskühlen lassen.

4. Für die Garnitur Joghurt glatt rühren. Minzeblättchen in grobe Streifen schneiden und mit dem Rohrzucker in einem Mörser fein zerstoßen. Je 1 Klecks Joghurt auf die Muffins geben, mit Minzezucker bestreuen.

Austausch-Tipp
Sie können diese Muffins anstatt mit Süßkartoffeln auch gut mit mehligkochenden Kartoffeln zubereiten. 250 g Kartoffeln schälen, klein würfeln und mit Ananastücken und -saft wie beschrieben weich kochen und weiterverarbeiten.

ORANGEN-PFEFFER-MUFFINS

FÜR 1 MUFFINBLECH (12 Mulden)

ZUBEREITUNG: ca. 35 Min.
BACKEN: ca. 25 Min.
PRO STÜCK: ca. 220 kcal

125 g Weizenmehl (Type 550)
125 g Weizenvollkornmehl
2 TL Backpulver | 1 Prise Salz
2 EL gemahlene Mandeln
je ½ TL frisch gemahlener schwarzer und weißer Pfeffer
1 Bio-Orange | 2 Eier (L)
110 g (Roh-)Rohrzucker
100 ml Rapsöl | 150 g Buttermilch
1 TL frisch geschroteter weißer oder schwarzer Pfeffer
½ TL gemahlener Zimt
Öl oder Papierförmchen für das Blech

1. Den Backofen auf 180° (Umluft 160°) vorheizen. Die Mulden des Muffinblechs einfetten oder Papierförmchen hineinsetzen.

2. Beide Mehlsorten mit dem Backpulver, Salz, den Mandeln und dem gemahlenen Pfeffer vermischen. Die Orange heiß waschen und abtrocknen, die Schale fein abreiben und 1 TL abgedeckt für später beiseitestellen. Den Saft der Orange auspressen.

3. Eier, 100 g Rohrzucker, Rapsöl, Buttermilch, Orangenschale und -saft mit den Quirlen des Handrührgeräts dickcremig verrühren. Die Mehlmischung zügig unterrühren. Den Teig in die Blechmulden füllen und im Ofen (Mitte) 20–25 Min. backen.

4. Inzwischen den geschroteten Pfeffer, die beiseitegestellte Orangenschale, den Zimt und den übrigen Zucker vermischen. Zucker-Mix nach 10 Min. Backzeit auf die Muffins streuen.

5. Das Blech aus dem Ofen nehmen und die Muffins darin auf einem Kuchengitter kurz abkühlen lassen, dann herauslösen und auskühlen lassen.

KARDAMOM-SCHOKO-MUFFINS

FÜR 1 MUFFINBLECH (12 Mulden)

ZUBEREITUNG: ca. 30 Min.
BACKEN: ca. 25 Min.
PRO STÜCK: ca. 290 kcal

150 g Zartbitterschokolade (mindestens 70 % Kakao)
100 ml Rapsöl | 2 Eier (L)
120 g (Roh-)Rohrzucker
200 ml Milch
125 g Weizenmehl (Type 550)
125 g Weizenvollkornmehl
2 TL Backpulver
2 EL Kakaopulver
1 Prise Salz
2 TL gemahlener Kardamom
Puderzucker zum Bestäuben
Öl oder Papierförmchen für das Blech

1. Schokolade fein hacken, die Hälfte davon beiseitestellen. Den Rest mit dem Öl in einem kleinen Topf bei geringer Hitze unter Rühren schmelzen lassen.

2. Den Backofen auf 180° (Umluft 160°) vorheizen. Die Mulden des Muffinblechs einfetten oder Papierförmchen hineinsetzen. Die Eier, den Rohrzucker und die Milch mit den Quirlen des Handrührgeräts gründlich verrühren.

3. Beide Mehlsorten mit dem Backpulver, dem Kakaopulver, Salz und dem Kardamom vermischen. Die Eiermilch und die geschmolzene und gehackte Schokolade mit einem Kochlöffel nach und nach unter die Mehlmischung rühren, bis ein glatter Teig entstanden ist.

4. Den Teig in die Blechmulden füllen und im Ofen (Mitte) 20–25 Min. backen. Das Blech aus dem Ofen nehmen und die Muffins darin auf einem Kuchengitter kurz abkühlen lassen, dann herauslösen und auskühlen lassen. Vorm Servieren fein mit Puderzucker bestäuben (wer möchte, kann dabei jeweils 3 Kardamomkapseln als Schablonen auflegen).

Französische Backkunst auf neue Art: Das zarte Brandteiggebäck wird mit Dinkelmehl zubereitet, die Füllung überzeugt mit cremigem Ricotta und feinsäuerlichem Granatapfel.

Eclairs mit Granatapfelcreme

ZUTATEN FÜR 16 STÜCK

ZUBEREITUNG: ca. 40 Min.
BACKEN: ca. 20 Min.
PRO STÜCK: ca. 120 kcal

Für den Teig:
100 g Dinkelmehl (Type 1050)
½ TL Backpulver
3 EL Rapsöl
2 EL Butter
½ TL Salz
2 Eier (M)
Für die Glasur:
2 EL Kaffee (frisch gebrüht oder aus Instant-Pulver angerührt)
4 EL Puderzucker
Für die Füllung:
1 Granatapfel
2 EL Granatapfelsirup (ersatzweise Apfeldicksaft)
1 TL Speisestärke
150 g Sahne
150 g Ricotta
Außerdem:
Spritzbeutel mit großer Sterntülle

1. Backofen auf 200° (Umluft 180°) vorheizen. Ein Backblech mit Backpapier auslegen. Für den Teig Mehl mit Backpulver vermischen. 200 ml Wasser mit Öl, Butter und Salz in einem Topf aufkochen. Mehl auf einmal dazugeben und mit den Quirlen des Handrührgeräts unterrühren, bis sich ein Kloß bildet und am Topfboden ein weißer Film entsteht. Eier nacheinander unterrühren, es muss sich immer wieder ein Kloß bilden.

2. Den Teig in den Spritzbeutel füllen und mit ausreichend Abstand 16 Teigstreifen (ca. 8 cm lang) auf das Blech spritzen. Im Ofen (Mitte) ca. 20 Min. backen. Herausnehmen und die Eclairs noch heiß mit einer Küchenschere oder einem scharfen Messer waagrecht aufschneiden und auf einem Kuchengitter ausdampfen und auskühlen lassen. Den Spritzbeutel gründlich säubern und trocknen lassen.

3. Für die Glasur den Kaffee mit dem Puderzucker verrühren und die Oberseiten der Eclairs damit einstreichen.

4. Für die Füllung den Granatapfel halbieren, 1 EL Granatapfelkerne abnehmen und von den weißen Häutchen befreien. Dann Saft aus beiden Hälften auf der Zitruspresse auspressen (Vorsicht, es spritzt!). Saft durch ein Sieb gießen, mit Sirup und Speisestärke in einen Topf geben und unter Rühren aufkochen, bis der Saft leicht gebunden ist. Abkühlen lassen.

5. Die Sahne steif schlagen. Zuerst den Ricotta löffelweise unterrühren, dann locker den abgekühlten Granatapfelsaft unterziehen. Die Creme in den Spritzbeutel füllen und auf die unteren Eclairhälften spritzen, die Granatapfelkerne darüberstreuen, glasierten Deckel auflegen. Eclairs bis zum Servieren kühl stellen (aber möglichst nicht länger als 1 Std., da sie sonst weich werden).

MARONEN-WALNUSS-CUPCAKES

FÜR 1 MUFFINBLECH (12 Mulden)

ZUBEREITUNG: ca. 20 Min.
BACKEN: ca. 25 Min.
PRO STÜCK: ca. 215 kcal

100 g Walnüsse
1 TL Speisestärke
3 Eier (M) | 1 Prise Salz
75 g (Roh-)Rohrzucker
50 ml Walnussöl
200 g süßes Maronenpüree (Glas)
100 g Preiselbeeren (Glas)
1 Pck. Vanillezucker
150 g Sahne
Öl oder Papierförmchen für das Blech
Spritzbeutel mit großer Sterntülle

1. Den Backofen auf 180° (Umluft 160°) vorheizen. Die Mulden des Muffinblechs einfetten oder Papierförmchen hineinsetzen. Die Walnusskerne in einem Blitzhacker fein mahlen und mit der Speisestärke mischen.

2. Die Eier trennen. Eiweiße und Salz mit den Quirlen des Handrührgeräts steif schlagen. Die Eigelbe mit Rohrzucker, Walnussöl und 150 g Maronenpüree cremig verrühren. Den Eischnee und die Nussmischung unterheben.

3. Den Teig in die Blechmulden füllen und im Ofen (Mitte) 20–25 Min. backen. Das Blech aus dem Ofen nehmen und die Muffins darin auf einem Kuchengitter kurz abkühlen lassen, dann herauslösen. Die Preiselbeeren mit Vanillezucker verrühren und die Oberfläche der noch warmen Muffins damit bestreichen. Die Muffins auskühlen lassen.

4. Die Sahne steif schlagen und das restliche Maronenpüree unterrühren. Die Maronensahne in den Spritzbeutel füllen und als Rosetten oder große Tupfen auf die Muffins spritzen. Die Cupcakes möglichst bald servieren.

FEIGEN-SIRUP-CUPCAKES

FÜR 1 MUFFINBLECH (12 Mulden)

ZUBEREITUNG: ca. 25 Min.
BACKEN: ca. 25 Min.
PRO STÜCK: ca. 350 kcal

1 Bio-Zitrone
200 g Soft-Feigen
100 g Akazienhonig
¼ TL gemahlener Zimt
3 Eier (M)
75 ml geschmacksneutrales Öl
200 g gemahlene Mandeln
50 g Kokosraspel
50 g Mandelstifte
2 EL Pinienkerne
3 TL Puderzucker
100 g Crème fraîche
Öl oder Papierförmchen für das Blech

1. Die Zitrone heiß waschen und abtrocknen, die Schale fein abreiben, den Saft auspressen. 150 g Feigen klein würfeln. Den Honig mit Zitronensaft und -schale in einen Topf geben und aufkochen. Feigenwürfel und den Zimt dazugeben und alles in ca. 5 Min. bei mittlerer Hitze sirupartig einköcheln lassen.

2. Den Backofen auf 180° (Umluft 160°) vorheizen. Die Mulden des Muffinblechs einfetten oder Papierförmchen hineinsetzen. Die Sirupmischung in einem Mixer oder mit einem Pürierstab fein zerkleinern.

3. Eier, Öl und Feigensirup verrühren, gemahlene Mandeln und Kokosraspel untermischen. Teig in die Blechmulden füllen und im Ofen (Mitte) 20–25 Min. backen. Blech aus dem Ofen nehmen und die Muffins darin auf einem Kuchengitter kurz abkühlen lassen, dann herauslösen und auskühlen lassen.

4. Übrige Feigen klein würfeln. Mandelstifte und Pinienkerne mit 2 TL Puderzucker vermischen und in einer Pfanne goldbraun rösten. Die Crème fraîche mit übrigem Puderzucker verrühren und je 1 Klecks auf die Muffins geben. Mandel-Mix und Feigen darauf verteilen. Cupcakes möglichst bald servieren.

Diese Törtchen mit feinster Zartbitterschokolade werden lauwarm serviert, sodass das noch leicht flüssige Innere beim Genießen verführerisch auf der Zunge zergeht. Das ist wahrer Schokogenuss!

Gewürzte Schokotörtchen

FÜR 8 ESPRESSOTASSEN
(je ca. 90 ml, ofenfest)

ZUBEREITUNG: ca. 25 Min.
KÜHLEN: ca. 3 Std.
BACKEN: ca. 15 Min.
PRO STÜCK: ca. 265 kcal

100 g Zartbitterschokolade (mindestens 60 % Kakao)
75 ml Mandelöl
¼ TL gemahlener Zimt
1 kräftige Prise gemahlener Kardamom
1 kräftige Prise frisch geriebene Muskatnuss
1 kräftige Prise Cayennepfeffer
3 Eier (M)
125 g (Roh-)Rohrzucker
1 Prise Salz
40 g Dinkelmehl (Type 630)
Öl für die Tassen

1. Die Schokolade in kleine Stücke brechen, mit dem Öl und den Gewürzen in eine kleine (Metall-)Schüssel geben und über einem heißen Wasserbad schmelzen lassen.

2. Die Eier mit dem Rohrzucker und Salz mit den Quirlen des Handrührgeräts in ca. 8 Min. dickcremig schlagen. Schokolade zur Eiercreme geben, das Mehl darübersieben und alles nochmals ca. 10 Min. weiterrühren.

3. Die Tassen gründlich einfetten und jeweils zu drei Vierteln mit dem Schokoteig füllen. Die Tassen zugedeckt mindestens 3 Std. (noch besser über Nacht) in den Kühlschrank stellen.

4. Den Backofen auf 200° (Ober- und Unterhitze nehmen, Umluft ist nicht empfehlenswert) vorheizen. Die Tassen auf ein Backbech stellen, in den Ofen (Mitte) schieben und die Törtchen 12–15 Min. backen (der Kern soll noch leicht flüssig sein). Herausnehmen, lauwarm abkühlen lassen und servieren. Sehr gut schmeckt dazu Schokoladeneis oder auch Früchte wie Himbeeren, Mango oder Papaya.

Tipp

Die Schokotörtchen kann man gut 2–3 Tage bevor sie benötigt werden vorbereiten. Den Schokoteig in die Espressotassen oder auch in kleine Förmchen füllen, abdecken und im Kühlschrank aufbewahren. Bei Bedarf dann wie beschrieben backen und lauwarm servieren.

Eine helle Variante der sonst mit dunkler Schokolade zubereiteten Brownies: Zu weißer Kuvertüre gesellen sich Bananen mit zartem Aroma, reichlich feinscharfer Ingwer und Macadamianüsse.

Bananen-Blondies

FÜR 1 BACKFORM (24 x 24 cm)

ZUBEREITUNG: ca. 35 Min.
BACKEN: ca. 30 Min.
PRO STÜCK (bei 30): ca. 140 kcal

Für den Teig:
2 vollreife Bananen
2 EL Zitronensaft
100 g Macadamianüsse
100 g weiße Kuvertüre
50 g Ingwer
200 g Weizenmehl (Type 1050)
1 Prise Salz
3 TL Backpulver
1 Pck. Bourbon-Vanillezucker
100 g weiche Butter
150 g (Roh-)Rohrzucker
4 Eier (M)
Butter und Mehl für die Form
Für die Garnitur:
50 g weiße Kuvertüre
Außerdem:
Spritzbeutel mit sehr feiner Lochtülle

1. Den Backofen auf 200° (Umluft 180°) vorheizen. Die Backform einfetten und mit Mehl einstäuben.

2. Für den Teig die Bananen schälen, mit einer Gabel fein zerdrücken und sofort mit Zitronensaft verrühren. Die Nüsse und die Kuvertüre fein hacken. Den Ingwer schälen und fein reiben. Mehl mit Salz, Backpulver und Vanillezucker vermischen.

3. Die Butter und den Rohrzucker mit den Quirlen des Handrührgeräts cremig rühren, Eier nacheinander unterschlagen. Mehlmischung und das Bananenpüree mit den Knethaken des Handrührgeräts nach und nach unter die Eiermasse rühren. Nüsse, Ingwer und Kuvertüre unter den Teig ziehen.

4. Den Teig in die Form füllen und glatt streichen. Im Ofen (unten) 25–30 Min. backen. Herausnehmen und den Kuchen in der Form kurz abkühlen lassen, dann aus der Form nehmen und auf einem Kuchengitter auskühlen lassen.

5. Für die Garnitur die Kuvertüre fein hacken, in eine kleine (Metall-)Schüssel geben und über einem heißen Wasserbad schmelzen lassen. Kuvertüre in den Spritzbeutel füllen und in feinen Linien über den Kuchen ziehen, erstarren lassen. Den Kuchen in quadratische Brownies schneiden.

Variante: Süßkartoffel-Brownies

300 g Süßkartoffeln in Salzwasser in 35 Min. weich kochen, pellen, durch eine Kartoffelpresse drücken. 150 g gehackte Zartbitterschokolade mit ⅛ l Rapsöl schmelzen. 4 Eier (M), 150 g (Roh-)Rohrzucker und ½ TL gemahlenen Zimt cremig schlagen. Schokolade, 200 g Weizenmehl (Type 1050), 100 g gehackte Walnüsse, Süßkartoffeln und 3 EL Whiskey unterrühren. Teig wie beschrieben backen, in Würfel schneiden.

Der Duft und der Geschmack der vanillewürzigen, sahnigen Kürbiscreme, eingerollt in Quark-Öl-Teig, macht diese Glanzstücke so unwiderstehlich. Unbedingt frisch essen!

Kürbis-Vanille-Schnecken

FÜR CA. 12 STÜCK

ZUBEREITUNG: ca. 45 Min.
BACKEN: ca. 30 Min. (pro Blech)
PRO STÜCK: ca. 280 kcal

Für den Teig:
150 g Magerquark
1 Ei (M)
100 g (Roh-)Rohrzucker
1 Prise Salz
3 EL Milch
5 EL Rapsöl
320 g Dinkelmehl (Type 630)
2 TL Backpulver
Mehl zum Arbeiten
Für die Füllung und Glasur:
400 g Hokkaidokürbis
3 EL Sahne
2 EL (Roh-)Rohrzucker
1 Pck. Bourbon-Vanillezucker
1 EL pflanzliches Bindemittel (z. B. Biobin)
100 g Mandelsplitter
100 g Aprikosenkonfitüre

1. Für die Füllung den Kürbis waschen, putzen und die Kerne samt faserigem Fruchtfleisch mit einem Löffel herausschaben. Kürbis in 3 cm große Würfel schneiden, in einem Topf knapp mit Wasser bedecken, aufkochen und bei mittlerer Hitze in ca. 8 Min. weich garen. Dann den Kürbis in ein Sieb abgießen, abtropfen und etwas abkühlen lassen.

2. Inzwischen für den Teig Quark mit Ei, Rohrzucker, Salz, Milch und Öl mit den Quirlen des Handrührgeräts verrühren. Das Mehl und Backpulver vermischen, zur Quarkmasse geben und mit den Knethaken des Handrührgeräts unterarbeiten. Dann alles auf der mit Mehl bestäubten Arbeitsfläche mit den Händen rasch zu einem glatten Teig verkneten und mit einem Nudelholz zu einem Rechteck (ca. 35 x 45 cm) ausrollen.

3. Den Backofen auf 200° (Umluft 180°) vorheizen. Zwei Backbleche mit Backpapier auslegen. Kürbis mit der Sahne in einem Mixer oder mit einem Pürierstab fein zerkleinern. Rohrzucker, Vanillezucker und das Bindemittel mit den Quirlen des Handrührgeräts unterrühren.

4. Die Kürbismasse auf den Teig streichen, dabei rundherum einen 3 cm breiten Rand frei lassen, Mandeln aufstreuen. Den Teig vorsichtig von der Längsseite her aufrollen, dabei sollte die »Naht« zum Schluss unten sein. Die Rolle in 3 cm breite Scheiben schneiden und mit ausreichend Abstand auf die Backbleche legen, die Schnecken etwas flach drücken. Nacheinander im Ofen (unten) 25–30 Min. backen.

5. Für die Glasur die Konfitüre erhitzen und glatt verrühren. Die Schnecken aus dem Ofen nehmen und noch heiß mit der Glasur einstreichen. Auf einem Kuchengitter auskühlen lassen.

ROSMARIN-SCONES

FÜR CA. 20 STÜCK

ZUBEREITUNG: ca. 35 Min.
KÜHLEN: ca. 10 Min.
BACKEN: ca. 15 Min. (pro Blech)
PRO STÜCK: ca. 110 kcal

1 Zweig Rosmarin
50 g (Roh-)Rohrzucker
50 g Butter
300 g Dinkelmehl (Type 630)
2 TL Backpulver
¼ TL feines Meersalz
2 Eier (M)
50 ml Sonnenblumenöl
Mehl zum Arbeiten

1. Rosmarin abbrausen und trocken schütteln, die Blättchen abzupfen und fein hacken. Rosmarin mit Rohrzucker in einem elektrischen Blitzhacker kurz durchmixen. Die Butter in einem kleinen Topf schmelzen.

2. Mehl mit Backpulver und Meersalz mischen und auf die Arbeitsfläche häufen, in die Mitte eine Mulde drücken. Eier, Öl, Rosmarinzucker und Butter verrühren und in die Mulde gießen. Alles zu einem glatten Teig verkneten, dabei bei Bedarf noch 1 EL Wasser dazugeben. Den Teig in Klarsichtfolie wickeln, 10 Min. kalt stellen.

3. Den Backofen auf 200° (Umluft 180°) vorheizen. Zwei Backbleche mit Backpapier auslegen. Den Teig auf der mit Mehl bestäubten Arbeitsfläche ca. 1 ½ cm dick ausrollen, mit einem runden Ausstecher oder einem Glas (ca. 5 cm Ø) 20 Kreise ausstechen und auf die Bleche legen.

4. Die Teigkreise nacheinander im Ofen (Mitte) 12–15 Min. backen. Herausnehmen, lauwarm abkühlen lassen und servieren – am besten mit cremigem Sauerrahm und Konfitüre.

HAFERFLOCKEN-SCONES

FÜR CA. 20 STÜCK

ZUBEREITUNG: ca. 25 Min.
KÜHLEN: ca. 10 Min.
BACKEN: ca. 15 Min. (pro Blech)
PRO STÜCK: ca. 110 kcal

20 g getrocknete Goji-Beeren
3 EL Ahornsirup
150 g zarte Haferflocken
200 g Dinkelmehl (Type 630)
2 TL Backpulver
¼ TL Salz
2 Eier (M)
2 EL Zuckerrübensirup
75 ml Rapsöl
Mehl zum Arbeiten

1. Die Goji-Beeren fein hacken und mit 1 EL Ahornsirup vermischen. Haferflocken mit dem übrigen Ahornsirup in einer Pfanne bei mittlerer Hitze goldbraun rösten, abkühlen lassen.

2. Mehl mit Backpulver, Salz, Haferflocken und den Beeren mischen und auf die Arbeitsfläche häufen, in die Mitte eine Mulde drücken. Eier, Rübensirup und Öl verrühren, in die Mulde gießen und alles zu einem festen Teig verkneten. Den Teig in Klarsichtfolie wickeln, 10 Min. kalt stellen.

3. Den Backofen auf 200° (Umluft 180°) vorheizen. Zwei Backbleche mit Backpapier auslegen. Den Teig auf der mit Mehl bestäubten Arbeitsfläche ca. 1 ½ cm dick ausrollen, mit einem runden Ausstecher oder einem Glas (ca. 5 cm Ø) 20 Kreise ausstechen und auf die Bleche legen.

4. Die Teigkreise nacheinander im Ofen (Mitte) 12–15 Min. backen. Herausnehmen, lauwarm abkühlen lassen und servieren – am besten mit Ricotta und ein paar Goji-Beeren.

Frisch aus dem Ofen schmecken die kleinen Pasteten schon einzigartig, nach ein paar Tagen sind sie aber fast noch besser. Dann konnte sich das Orangenblütenwasser richtig entfalten.

Orient-Mandelpastetchen

FÜR CA. 30 STÜCK

ZUBEREITUNG: ca. 40 Min.
KÜHLEN: ca. 30 Min.
BACKEN: ca. 25 Min.
PRO STÜCK: ca. 165 kcal

Für den Teig:
200 ml Sonnenblumenöl
1 EL Agavendicksaft
1 Ei (M)
1 Prise Salz
400 g Dinkelmehl (Type 1050)
Mehl zum Arbeiten
Für die Füllung:
250 g gemahlene Mandeln
3 EL Agavendicksaft
3 EL Orangenblütenwasser (aus der Apotheke)
1 kräftige Prise gemahlenes Piment
Zum Bestreichen:
1 Eigelb (M)
1 EL Orangenblütenwasser (aus der Apotheke)

1. Für den Teig Öl, Agavendicksaft, Ei und Salz mit den Knethaken des Handrührgeräts glatt verrühren. Mehl dazugeben und alles rasch zu einem glatten Teig verkneten. Den Teig in Klarsichtfolie wickeln und 30 Min. kalt stellen.

2. Den Backofen auf 180° (Umluft 160°) vorheizen. Ein Backblech mit Backpapier auslegen. Für die Füllung die Mandeln mit dem Agavendicksaft, Orangenblütenwasser und Piment mit den Händen verkneten.

3. Den Teig 3–4 mm dick auf der mit Mehl bestäubten Arbeitsfläche ausrollen und mit einem runden Ausstecher oder einem Glas (8–10 cm Ø) Kreise ausstechen. Auf jeden Teigkreis 1 gehäuften TL Mandelmischung geben, die Teigkreise zu halbmondförmigen Pastetchen zusammenklappen und den Rand fest andrücken.

4. Zum Bestreichen das Eigelb mit Orangenblütenwasser verquirlen. Pastetchen mit Eigelb einpinseln, mit Abstand auf das Blech legen. Eventuell aus den Teigresten kleine Halbmonde ausstechen, die Pastetchen damit verzieren. Im Ofen (Mitte) 20–25 Min. backen. Herausnehmen, Pastetchen samt Papier vom Blech ziehen, auf einem Kuchengitter auskühlen lassen.

Variante: Aprikosenpastetchen

Den Teig wie beschrieben zubereiten und kühlen. Saft von je 1 Orange und Zitrone, 1 TL fein abgeriebene Bio-Orangenschale und 1 EL (Roh-)Rohrzucker in einem Topf unter Rühren erhitzen, bis sich der Zucker gelöst hat. 150 g fein gewürfelte getrocknete Aprikosen und 50 g gehackte Mandeln damit übergießen und zugedeckt 30 Min. quellen lassen, dann mit dem Pürierstab kurz durchmixen. Teig wie beschrieben ausrollen, ausstechen, füllen und backen.

Besondere Kleinigkeiten zum Kaffee oder Picknick: Verborgen in einer Hülle aus luftigem Hefeteig schlummert eine aromatische Füllung, die Biss für Biss überzeugt. Nuss ist Trumpf!

Hefeteighörnchen
mit Nussfüllung

FÜR CA. 12 STÜCK

ZUBEREITUNG: ca. 35 Min.
RUHEN: ca. 30 Min.
BACKEN: ca. 25 Min.
PRO STÜCK: ca. 330 kcal

Für den Teig:
2 EL Butter
100 ml Milch
¼ Würfel Hefe (ca. 10 g)
350 g Vollkornweizenmehl
50 g flüssiger Honig
75 ml Rapsöl
2 Eigelbe (M)
Mehl zum Arbeiten
Für die Füllung:
200 g Nüsse (z. B. Pekannüsse, Cashewnüsse)
1 Eiweiß (M)
50 g Cashewnussmus (ersatzweise Mandelmus)
2 EL Birnendicksaft
2–4 Tropfen Bittermandelöl
Zum Bestreichen:
1 EL Birnendicksaft

1. Für den Teig Butter schmelzen. Milch lauwarm erhitzen, Hefe dazubröckeln und unter Rühren auflösen. Mehl in eine große Schüssel geben, in die Mitte eine Mulde drücken und die Hefemilch hineingießen. Die Butter, Honig, Öl und Eigelbe dazugeben und alles mit den Knethaken des Handrührgeräts zu einem glatten Teig verkneten. Zugedeckt an einem warmen Ort ca. 30 Min. gehen lassen.

2. Für die Füllung die Nüsse in einem elektrischen Blitzhacker fein mahlen, dann in einer Pfanne bei mittlerer Hitze leicht anrösten und abkühlen lassen. Die Nüsse mit Eiweiß, Cashewnussmus, Birnendicksaft und Bittermandelöl vermischen.

3. Den Backofen auf 180° (Umluft 160°) vorheizen. Ein Backblech mit Backpapier auslegen. Den Hefeteig auf der mit Mehl bestäubten Arbeitsfläche nochmals durchkneten und zu einem Rechteck (ca. 30 x 40 cm) ausrollen. Teigplatte längs halbieren und jeden Teigstreifen in 6 Dreiecke schneiden. Auf jedes Teigdreieck 1 gehäuften TL Füllung geben, von der Längsseite zur Spitze hin aufrollen und zu Hörnchen formen.

4. Die Hörnchen mit ausreichend Abstand auf das Blech legen. Im Ofen (Mitte) ca. 25 Min. backen. Dabei nach 10 Min. zum Bestreichen 1 EL Wasser mit dem Birnendicksaft verrühren und die Hörnchen damit einpinseln. Dann herausnehmen, die Hörnchen samt Backpapier vom Blech ziehen und auf einem Kuchengitter auskühlen lassen.

Tipp

Auch fein: Statt Dicksaft und Wasser 1 Eigelb (M) mit 1 EL Milch verrühren und die Hörnchen damit bestreichen.

Damit Sie Rezepte mit bestimmten Zutaten noch schneller finden können, stehen in diesem Register zusätzlich auch beliebte Zutaten wie **Äpfel** oder **Schokolade** – ebenfalls alphabetisch geordnet und **hervorgehoben** – über den entsprechenden Rezepten.

Die Autorinnen

Martina Kittler ist Diplom-Ökotrophologin und hat ihre Begeisterung fürs Kochen und Backen zum Beruf gemacht. Als freie Food-Journalistin und Buch-Autorin versteht Sie es, Genuss und gesunde Ernährung in überzeugende Rezepte umzusetzen.

Christa Schmedes veröffentlichte bereits zahlreiche Koch- und Backbücher. Mit Leidenschaft und Fantasie widmet sie sich der Kreation süßer Köstlichkeiten. Als Foodstylistin arbeitet sie für renommierte Fotografen.

Die Fotografin

Mona Binner lebt als freie Fotografin in Hannover und fotografiert vor allem Food und Stills für Magazine, Verlage und Agenturen. Unterstützt wurde sie bei diesem Buch von Sarah Trenkle (Foodstyling) und Meike Stüber (Styling), mit denen sie die wunderbaren Kuchen in diesem Buch in Szene gesetzt hat. Noch mehr von ihr unter: www.monabinner.de

Bildnachweis

Alle Fotos: Mona Binner

Titelrezept: Schokoladentorte mit Roten Beten, Seite 46

Syndication: www.jalag-syndication.de

Projektleitung: Birgit Rademacker

Lektorat/Satz/DTP: Redaktionsbüro Christina Kempe, München

Korrektorat: Mischa Gallé

Umschlag und Gestaltung: independent Medien-Design, Horst Moser, München

Herstellung: Christine Mahnecke

Repro: Longo AG, Bozen

Druck: Firmengruppe APPL, aprinta druck, Wemding

Bindung: Firmengruppe m. appl, Wemding

Umwelthinweis: Dieses Buch ist auf PEFC-zertifiziertem Papier aus nachhaltiger Waldwirtschaft gedruckt.

ISBN 978-3-8338-2712-9

1. Auflage 2012

GRÄFE UND UNZER

Ein Unternehmen der
GANSKE VERLAGSGRUPPE

DAS ORIGINAL · GU · MIT GARANTIE

Unsere Garantie

Alle Informationen in diesem Ratgeber sind sorgfältig und gewissenhaft geprüft. Sollte dennoch einmal ein Fehler enthalten sein, schicken Sie uns das Buch mit dem entsprechenden Hinweis an unseren Leserservice zurück. Wir tauschen Ihnen den GU-Ratgeber gegen einen anderen zum gleichen oder ähnlichen Thema um.

Liebe Leserin und lieber Leser,

wir freuen uns, dass Sie sich für ein GU-Buch entschieden haben. Mit Ihrem Kauf setzen Sie auf die Qualität, Kompetenz und Aktualität unserer Ratgeber. Dafür sagen wir Danke! Wir wollen als führender Ratgeberverlag noch besser werden. Daher ist uns Ihre Meinung wichtig. Bitte senden Sie uns Ihre Anregungen, Ihre Kritik oder Ihr Lob zu unseren Büchern. Haben Sie Fragen oder benötigen Sie weiteren Rat zum Thema? Wir freuen uns auf Ihre Nachricht!

Wir sind für Sie da!
Montag–Donnerstag: 8.00–18.00 Uhr;
Freitag: 8.00–16.00 Uhr
Tel.: 0180-5 00 50 54*
Fax: 0180-5 01 20 54*
E-Mail: leserservice@graefe-und-unzer.de

*(0,14 €/Min. aus dem dt. Festnetz/ Mobilfunkpreise maximal 0,42 €/Min.)

PS: Wollen Sie noch mehr Aktuelles von GU wissen, dann abonnieren Sie doch unseren kostenlosen GU-Online-Newsletter und/oder unsere kosten losen Kundenmagazine.

GRÄFE UND UNZER VERLAG
Leserservice
Postfach 86 03 13
81630 München